Theresia-Maria Wuttke

Wege aus der Mitte

Zur Autorin: Theresia-Maria Wuttke

Theresia-Maria Wuttke hat ihr ganzes Leben zu einem Lernerlebnis gemacht.
Schon von klein auf lernte sie, sich durch die Kraft ihrer „inneren Stimme" zu stärken und mutig über diese Inspirationen ihren Lebensweg zu gestalten.
Ihr Weg führte sie über eine kaufmännische und eine pädagogische Ausbildung zur Humanistischen Psychologie nach C.G. Jung und der systemischen Arbeit der Familientherapie nach Virginia Satir.
Ein weiterer wegweisender Schritt war für sie das Erlernen und Umsetzen der Zen-Meditation. Handwerkzeuge des NLP und der Kinesiologie sind ihr ebenso vertraut wie die der Neuropsychologie.
Durch ihre breit gefächerten Ausbildungen und ihre dreißigjährige Berufspraxis mit den unterschiedlichsten Zielgruppen aus dem Bildungs- und Gesundheitswesen, der Wirtschaft und dem Finanzwesen ist sie heute eine gefragte Beraterin und Begleiterin auf Zeit. Darüber hinaus lernte sie verschiedene kulturübergreifende spirituelle Arbeitsweisen.
Sie ist eine Visionärin in Sachen Bewusstseins-Entwicklung. Noch bevor etwas die Medien oder das Massenbewusstsein erreicht, geht sie den Impulsen ihrer schöpferischen Intelligenz nach und kreiert praktische Werkzeuge, die die Weiterentwicklung des menschlichen Bewusstseins voranbringen.
So entwickelte sie das bahnbrechende Konzept „holographic mind communication®" und das Unternehmensentwicklungskonzept „business and spirit®".

Theresia-Maria Wuttke

Wege aus der Mitte

Der inneren Stimme mutig folgen

CIP-Titelaufnahme der Deutschen Bibliothek

Wuttke, Theresia-Maria
Wege aus der Mitte. Der inneren Stimme mutig folgen
BREUER & WARDIN Verlagskontor GmbH, 2009
ISBN 978-3-939621-21-8

Copyright © BREUER & WARDIN, Bergisch Gladbach – 2009
Alle Rechte, insbesondere das Recht der Vervielfältigung und der Verbreitung sowie der Übersetzung, vorbehalten. Kein Teil des Werks darf in irgendeiner Form (durch Fotokopie, Mikrofilm oder ein anderes Verfahren) ohne schriftliche Genehmigung des Verlags reproduziert oder unter Verwendung elektronischer Systeme gespeichert, verarbeitet oder vervielfältigt werden.

Text: Theresia-Maria Wuttke
Illustrationen: Theresia-Maria Wuttke, Martina Rohfleisch
Projektleitung: Heiko Breuer, Bodo Wardin
Lektorat: Martina Rohfleisch
Satz: Martina Rohfleisch, edition wolkenburg, Rheinbreitbach
Umschlaggestaltung: Arife Tosun, Tim Billen
Druck: Medienhaus Plump, Rheinbreitbach

BREUER & WARDIN
Verlagskontor GmbH
Zum Scheider Feld 12
51467 Bergisch Gladbach

Hotline: +49 1805 436 436
(0,14 Euro pro Minute aus dem Festnetz;
maximal 0,42 Euro pro Minute aus den Mobilfunknetzen)

kontakt@verlagskontor.com
www.verlagskontor.com

Printed in Germany
ISBN 978-3-939621-21-8

INHALT

Einführung
Geleitwort des Herausgebers ... 10
Vorwort ... 12
Ghandi's Prayer for Peace ... 14
Fragen und Antworten ... 15
Folgen Sie Ihrem Stern ... 16
Ihre persönliche Freiheit ... 17
Wahre Größe leben und geben ... 19

Teil 1: Paradigmenwechsel:
Vom materialistischen zum holistischen Weltbild ... 20
Die Entwicklung der Quantenphysik ... 20
Das Universum – ein Hologramm? ... 21
Der Prozesscharakter unseres Bewusstseins ... 23
Richtungswechsel: Von innen nach außen ... 24
Das Tor zur multidimensionalen Intelligenz ... 25
Weibliche und männliche Schöpfungsenergien ... 26
Wahrnehmung – Selbstbewusstheit – Ausrichtung ... 27
Augen-Blick ... 29
Zeichen am Weg ... 30
Khalil Ghibran: Die Frau, die meine Seele liebt 31
Mehr als „nur" ein Traum ... 32
Spiel Dich, probier Dich aus ... 34
Johann Wolfgang von Goethe: In dem Augenblick 36

Teil 2: Der „inneren Stimme" folgen ... 37
Sich ganz der inneren Aufgabe verschreiben ... 37
Wo viel Licht ist, ist auch viel Schatten ... 38
Das Mysterium menschlicher Werdung ... 40
Khalil Ghibran: Aber lasst Raum zwischen Euch 42
Staffelläufer der Evolution ... 43
I am a circle ... 46
Heilendes, kreisendes Geschehen ... 48

Der Stimme des eigenen Herzens lauschen	49
Spielende Träumerin	52

Teil 3: Die eigene Lebensgeschichte lesen lernen   53

Im Klassenzimmer Erde	53
Das kleine Korn	63
Wie die Teile eines Puzzles	64
Kleine Quelle	67
Spuren lesen	68
Der große Gesang	71
Wähle das Leben	72
Inmitten der Nacht leuchtet die Sonne	74
Die inneren Eltern versöhnen	77
Sehen lernen – im Spiegel der Beziehungen	78
„So wie Du glaubst, so kann Dir geschehen."	83
In Würde tun	86
Der Tod ist eine Illusion	87
Für meinen Vater in tiefer Liebe	90
Großes Geheimnis	95

Teil 4: Wort – Tat – Handlung   96

Unaussprechliches Geheimnis	102
„Dein Weg wird Dich gehen!"	103
Hineingeträumt	105
Krankheit und Sterben – Wege zur Ganzheit	106
Für meine Großmutter Franziska	109
Der Engel an unserer Seite	113
Im Land der Väter	114
In Würde tun	116
Innerer Reichtum	120
Einendes und Heilendes	121
Heilende Vollmacht	123
Zum Geschenk werden	124
Für meine Schwester Christiane	127

Teil 5: Die Ebenen menschlichen Seins 129
Der Mensch: Wesen zweier Welten 129
Altes und neues Denken 138
Das alte Paradigma 142
Das neue Paradigma 143
Neues Denken und Handeln 144
Wie innen so außen 146
Urbilder der Seele – Anima und Animus 149
Dem Großen Raum geben 152
Beginne jetzt mit Menschen zu arbeiten 154

Teil 6: Das Leben als weiblicher Schöpfungsakt 155
Die höchste Wahl treffen 155
Freien sicheren Schrittes 156
Geliebte 157
Leben – ein weiblicher Schöpfungsakt 159
Das Hologramm der Familie: Vater – Mutter – Kind 164
Die Weihnachtsgeschichte: Dreiheit in der Einheit 166
Die größte Macht auf Erden ist die Liebe 170
In der Ferne höre ich 171
Verstehen lernen 172
Im Land der Mütter 176
Für meine Mutter 180

Teil 7: Zum neuen Ufer übersetzen 181
Als der neue Morgen 183
Die Zukunft zur Verbündeten machen 184
Alles ist da: Es liegt in Ihnen 187
Charlie Chaplin - Als ich mich selbst zu lieben begann 189
Verzeichnis über die von C.G. Jung verwandten Begriffe 191
Weitere Informationen 192

Lausche der Stimme

Deines Herzens,

das seinen Weg

mit Gewissheit

kennt.

Geleitwort des Herausgebers

Was ist ein gutes Buch? Eines, das der Leser neu schreibt, während er es liest. Ich kann mich an kein Buch erinnern, das mich persönlich so ansprach, so aufregte, so aufsog, so viel in meinem Innersten bewegte. Schon während ich das Manuskript zum Buch das erste Mal las, fing ich an, die Geschichte meines Lebens neu zu schreiben. Entsprechend wendet sich das Buch an Menschen, die es wagen, das Undenkbare zu denken. Wann haben Sie sich das letzte Mal die Frage gestellt, ob Sie tatsächlich Ihr Leben leben oder vielleicht doch nur irgendwelchen Schablonen und Prägungen folgen?

Oftmals erleben wir unser Leben als einen Kreislauf. Wir scheinen ständig an den gleichen Stellen zu scheitern, dieselben Fehler zu wiederholen. Solange uns nicht bewusst ist, was genau unser Denken, Handeln und Fühlen beeinflusst, fällt es schwer, aus diesen Kreisläufen auszusteigen und neue Wege zu beschreiten. Dies trifft auf unsere Gesundheit genauso zu wie auf unsere privaten Beziehungen oder unseren beruflichen Werdegang. Eben hier setzt Theresia-Maria Wuttke mit ihrem Buch „Wege aus der Mitte" an. Sie lädt den Leser ein, die Verbindung zur ureigenen innewohnenden Schöpfungskraft zu knüpfen, diese bewusst einzusetzen, um ein sinnerfülltes Leben voller Freude und Fülle zum Wohle des Ganzen zu gestalten. Dreh- und Angelpunkt ist hierbei immer wieder die Kommunikation mit ihrem Inneren, der Wesensmitte. Sie nennt das: die Synchronisation mit der Quelle.

An dieser Stelle lässt sie den Leser nicht los, schließlich geht es hier auch um das eigene Leben, wenn sie sagt: *„Nichts ist ohne Sinn, auch wenn wir ihn nicht gleich verstehen." – „Jeder von uns ist lebendige Information, die sich ständig um Verwirklichung bemüht." – „Die alten Informationen kennen lernen und sie für immer aus der eigenen Lebensmatrix zu entlassen, lässt unsere eigentliche Dimension, unsere **wahre Größe** hervortreten."*

Rückwirkend beschreibt sie ihre verschiedenen Ausbildungen, die ihr lediglich als Resonanz dazu dienten, das aus ihrer Wesensmitte Erfahrene konkret umgesetzt zu haben.

Noch unglaublicher und zur gleichen Zeit beruhigender ist es, wenn sie von ihren Beispielen der Heilungen berichtet. Sie benutzt dazu ihre Werkzeuge, die sie aus der eigenen Wesensmitte heraus entwickelt hat und hier im Buch ausführlich beschreibt.

Man spürt in jeder Zeile, dass dieses Buch beim Leser Wandel und Wachstum möglich werden lässt. Besonders faszinierend ist der Umstand, dass der Leser bereits während des Lesens in den Veränderungsprozess eintreten kann, da Theresia-Maria Wuttke die Inhalte so eingehend präsentiert, dass man sich der Attraktivität des Wandels kaum zu entziehen vermag. Anhand der von der Autorin entwickelten Tools (holographic mind communication®) werden aus den ungeordneten internen Vorgängen strukturierte, planvoll einsetzbare Vorgehensweisen. Dies betrifft das Individuum genauso wie auch komplexere Gebilde, etwa Organisationen und Unternehmen.

Seit über 30 Jahren gibt Theresia Maria Wuttke ihre Erfahrungen an Menschen verschiedener Zielgruppen weiter. Und stets geht es darum, wahre Größe zu leben, die eigenen Potenziale zu entfalten, die eigene Kreativität zu entdecken und auf diese Weise den Boden für exzellente Leistungen und ein sinnerfülltes Leben zu bereiten.

Während die arrivierte Wissenschaft sich vor zehn Jahren noch schwer tat, derart bahnbrechende Ansätze wie die Psychogenetik zu akzeptieren, kann sich heute niemand mehr erlauben, die Wirksamkeit und Wahrheit darin zu ignorieren. Immer häufiger finden sich Begriffe aus der Psychogenetik und der Quantenphysik in der Berichterstattung der Medien.

Es spricht für die Authentizität der Autorin, dass diese „Neuheiten" bereits seit vielen Jahren Bestandteil ihrer Arbeit sind. Nunmehr stellt sie ihre Erfahrungen und das dadurch gewonnene Wissen mit diesem Buch einem breiten Publikum zur Verfügung. „Die Zeit ist reif, sich auf den Wandel im Denken und Handeln einzulassen", stellt Theresia-Maria Wuttke begeistert fest. Dieser Ansicht schließe ich mich an und denke, dass auch Sie sich nach der Lektüre dieses Buches auf dem Weg in ein neues, ganzheitliches Leben befinden werden. Hierbei wünsche ich Ihnen viel Erfolg.

Bodo Wardin, Verleger

Vorwort

Ich lade Sie herzlich ein,
- dem Ruf Ihres eigenen Inneren,
  dem Wesen, das jeder von uns ist, zu folgen,
- sich einzulassen auf das Große – Unnennbare,
- einzutauchen in die eigene Wesens-Mitte,
- der Stimme des Herzens zu lauschen, das seinen Weg mit Gewissheit kennt.

Im 21. Jahrhundert ergeht ein Ruf an uns alle, uns als Teil der gesamten Schöpfung zu verstehen. Unsere Individualität und Einmaligkeit sind gefragt, bewusst als Mitschöpfer durch gelenkte Absicht, Wort und Handlung an der Werdung einer Zivilisation der Liebe mitzuwirken. Die Naturwissenschaften und die Bewusstseinsforschung eröffnen uns heutigen Menschen den Blick und das Wissen auf unsere Ganzheit und unsere Schöpfungskraft.
Als bewusster Mensch gestalten wir unser Leben und die uns umgebende Welt hin zu ihren größten und vollkommensten Möglichkeiten.

Vom Ich zum Du, vom Du zum Wir: Vom Haben zum Sein

Lassen Sie uns gemeinsam neue Formen von Zusammenwirken mit anderen Menschen kreieren, die frei von Konkurrenz sind und getragen werden von gegenseitiger Anerkennung und Liebe.
Der Schlüssel liegt im Herzen eines jeden von uns, in der Hingabe an das in uns wirkende Prinzip allen Lebens.
Jeder von uns hat seinen unverwechselbar eigenen Platz in dieser Schöpfung, um seine in ihn gelegte Aufgabe zur vollen Entfaltung zu bringen.
Es gilt – die höchste Wahl zu treffen:
Ein Leben in Übereinstimmung mit dem großen Geist, dem Unaussprechlichen zu führen, in der Umsetzung der eigenen Vision zum Wohle des Ganzen.

Schon immer gab es Menschen, die ihre eigene Autorität zum Wohle des Ganzen umgesetzt haben. Einer, der mich schon in frühester Jugend inspiriert hat, die Schritte in das eigene „Werde, was du bist" zu wagen, ist Mahatma Gandhi.

Besonders berührt haben mich die folgenden Worte, sein Gebet für Frieden, das ich als Ouvertüre verstanden wissen möchte, das Wagnis zu lieben lernend umzusetzen.

Gandhi's Prayer for Peace

I offer you peace.
I offer you love.
I offer you friendship.

I see your beauty.
I hear your need.
I feel your feelings.

My wisdom flows from the Highest Source.
I salute that Source in you.
Let us work together for unity and love.

Ich biete Dir Frieden.
Ich biete Dir Liebe.
Ich biete Dir Freundschaft.

Ich sehe Deine Schönheit.
Ich höre Deine Bedürfnisse.
Ich fühle Deine Gefühle.

Mein Wissen fließt von der höchsten Quelle.
Ich begrüße diese Quelle in Dir.
Lass uns zusammen arbeiten für Verbundenheit und Liebe.

Fragen und Antworten

In diesem Buch habe ich meine Erfahrungen niedergeschrieben, wie ich aus vorgegebenen Gravuren durch meine Herkunftsfamilie herausgetreten bin:
Zunächst durch einfaches Beobachten dessen, was sich in meinem Leben abgebildet hat.
Die nächste Frage, die sich mir stellte, war: Ist es das, was ich wirklich, wirklich will?
Bin ich die Summe von solchen Gravuren?
Sicher nicht, das war mein klares Empfinden.
Also machte ich mich auf den Weg, meine eigenen Antworten zu finden.

Wie alle Menschen dieser Erde habe ich ungefiltert in mein weit geöffnetes kindliches Unterbewusstsein alle mir angebotenen Informationen aufgenommen. Gleichzeitig habe ich wie alle Kinder gefragt: Warum ist das so?
Die Antworten, die ich bekam, haben mich weder beflügelt noch erfreuliche Ergebnisse zutage gebracht. Also habe ich weiter gefragt und begonnen, meinem eigenen Innern sehr früh zu vertrauen.

Anhand meiner Lebensgeschichte möchte ich Sie einladen, Ihre eigene Geschichte kennen und lieben zu lernen. Das Spannende ist aus meiner Sicht, dass wir unsere Lebensgeschichte ganz erforschen können und all das, was nicht in ein erfülltes, glückliches und gesundes Leben führt, selbstverständlich abwählen können, etwa so, als würden wir unser Leben einfach ganz neu erfinden, das Stück also umschreiben in Richtung **Wachstum, Freude, Verbundenheit,** schlichtweg: Es geht darum, glücklich zu sein und dem Strom des Lebens in seiner Kraft zu folgen.

Folgen Sie Ihrem Stern

„Folgen Sie Ihrem Stern", ein erfülltes und glückliches Leben zu wählen.
Schon diese Entscheidung sorgt dafür, dass Sie in Richtung Erfolg gehen, nämlich dem zu folgen, was Ihr Traum, Ihre Vision von Ihrem Leben ist.

Natürlich werden Sie Hindernissen begegnen, Umwege wählen, mit Widrigkeiten kämpfen, wenn Sie sich auf den Weg zur Quelle machen. Der Weg zur Quelle führt gegen den Strom – und doch immer zum Meer, wo jeden Morgen eine glutrote Sonne aufgeht, die einen neuen Tag verkündet.
Dieser Tag ist einmalig, noch nie vorher gab es diesen Tag, und Sie stellen die Weichen, dem Keim des Vertrauens zu folgen. So haben Sie Macht über Ihr Leben, sind Handelnder und Entscheider.

Wofür also wollen Sie sich entscheiden?
Ja, höre ich Sie sagen: Wenn die Angst kommt, was mache ich dann? Da, wo die Angst ist, da ist der Weg. Die Angst will wahrgenommen werden, als Signal: Halt, hier geht es in ein unbekanntes „Land". Sie verlassen gerade Ihre Komfortzone.
Einfach atmen und weitergehen, die Angst einfach nur spüren, sie wahrnehmen, jedoch nicht annehmen. Das ist fundamental. Probieren Sie es aus, es funktioniert.

Es gibt nur wenige natürliche Ängste, die uns zeigen: Halt, hier wird es gefährlich. Das ist die Angst, aus großen Höhen zu fallen, die Angst vor hohen Lärmbelastungen, die Angst, in Gefahr nicht zu überleben, im Krieg, vor Krankheit, Unfall, Gewalt, Einbruch, Naturkatastrophen. In einer solchen Situation wäre es fatal, wenn Sie keine Angst hätten.
Diese Ängste haben jedoch jedes Mal eine bedeutsame Funktion: Sie wollen uns mobilisieren, alles zu geben, um aus der Gefahrenzone herauszukommen und unser wundervolles Leben weiter zu entfalten.

Alle anderen Ängste sind anerzogen, gelernt oder von anderen übernommen, also unnatürliche Ängste.

Warum also sollten Sie sich mit etwas beschäftigen, das Ihnen nicht weiterhilft, sondern nur Stress verursacht, der auch noch Ihr Immunsystem belastet?

Richten Sie Ihren Blick auf Ihr Ziel, da, wo Sie hinwollen. Sind Sie krank, schauen Sie konsequent in Richtung Gesundheit. Sehen Sie sich gesund, auch wenn Sie mit vierzig Grad Fieber im Bett liegen oder Ihr Bein gerade frisch eingegipst wurde.

Es gilt, die Aufmerksamkeit in eine andere Richtung zu lenken, damit Ihre Lebensenergie Ihrer Absicht folgen kann.

Ihre persönliche Freiheit

So verstehe ich dieses Buch als Inspiration, dass Sie für sich eine *Grund legende* Möglichkeit erschaffen, aus dem Gefängnis der Gewohnheiten herauszutreten, zu verstehen, dass Wiederholungen lediglich aufzeigen, dass es hohe Zeit ist, etwas Neues, Besseres zu erschaffen.

Sie haben jetzt die Möglichkeit, Ihre ganz persönliche Freiheit zu wählen, um Ihre in Ihnen fließende Schöpfungsenergie zum Gestalten einer großartigen Zukunft einzusetzen.

Innerhalb dieses Buches entsteht für Sie eine Möglichkeit der Betrachtung, anhand meiner Lebensgeschichte Ihre eigenen Gravuren zu entdecken, um sich dann mit ihnen auseinandersetzen zu können.

Aber vergessen Sie nicht, es sind Gravuren. Wenn Sie wollen, erschaffen Sie Ihre ureigene Signatur, die bereits in Ihnen liegt, sozusagen als Essenz Ihres Wesens.

Wir sind nicht das, was wir denken, noch das, was andere über uns denken oder uns zuschreiben. Das sind schlichtweg von uns geschaffene Wirklichkeiten, **Hologramme,** die wir mit entsprechenden Emotionen verbinden. Sich davon zu lösen ist die Grundvoraussetzung, ein Leben in Freiheit und Unabhängigkeit zu führen, seine wahre Größe zu entfalten und zum Wohle des Ganzen einzusetzen.

Wie wir brachten unsere Eltern und Vorfahren die Spirale der Evolution voran und zwar genau mit ihren Erkenntnismöglichkeiten und den daraus resultierenden Handlungen.
Mit anderen Worten:
Aus ihrer Sicht haben sie uns das Beste gegeben.
Wir nun können herausfinden, ob uns das zum Besten gereicht; wenn nicht, lassen wir es los, ohne jedoch in die Falle der dauerhaften Bewertung zu tappen.
Alles ist, was es ist – es bedarf nicht unserer Bewertung.

Dabei gilt es, unsere Bibliothek im Unterbewusstsein von allem Unbrauchbaren zu entsorgen, all dem, was nicht ins Leben, in die Freude führt, und zu lernen, wie wir ein Leben aus der Fülle unserer Möglichkeiten erschaffen können, zum Wohle des Ganzen.

Ihre

Theresia-Maria Wuttke

Wahre Größe leben und geben

- *Vertraue.*
- *Folge Deinem Wesens-Kern.*
- *Erschaffe Großes und lebe Deine Vision.*
- *Teile Dein Leben, Dein Wissen und Deine Erfahrungen.*
- *Was immer Du willst, es wird geschehen.*
- *Erschaffe mit anderen eine Welt der Zugehörigkeit.*
- *Lebe Deine wahre Größe wertvoll und gewinnbringend.*

Teil 1: Paradigmenwechsel:
Vom materialistischen zum holistischen Weltbild

Zunächst einmal möchte ich Sie für die großartige Entwicklung unseres menschlichen Bewusstseins begeistern. Es wird immer deutlicher, dass wir uns in einer evolutionären Entwicklungsspirale befinden, die sich weiter und weiter bewegt hinein in das sogenannte integrale Bewusstsein. Am Beginn dieses Jahrtausends beginnt sich mehr und mehr ein Gesamtbild unserer menschlichen Intelligenz abzuzeichnen und damit die Erkenntnis darüber, dass die menschliche Intelligenz über unendliche Möglichkeiten verfügt.
Wir wachsen über die Grenzen unseres Verstandes und unserer Emotionen hinaus. Unsere kognitive und emotionale Intelligenz sind für sich allein genommen nicht in der Lage, ganzheitliche Bewusstseinsprozesse hervorzubringen. Die Vielfalt und der unermessliche Reichtum unseres Bewusstseins, diese Ganzheit zum Ausdruck zu bringen, das ist Aufgabe unserer spirituellen Intelligenz – das Transpersonale, d.h. das, was weit über uns als Person hinausgeht.

Die Entwicklung der Quantenphysik

Als Metapher soll uns die Quantenphysik dienen. Aus meiner Sicht hat sich die Quantentheorie in den Jahren 1925 bis 1935 langsam als Folge dessen entwickelt, dass Wissenschaftler mit streng mathematischen, logischen, rationalen Methoden nicht weiterkamen. Forscher wie Heisenberg, Schrödinger und Dirac waren auf der Suche nach übergeordneten Kriterien und haben sich Schritt für Schritt aus den engen Fesseln der Physik und Chemie gelöst. Das Pendel ist bereits zu diesem Zeitpunkt in eine andere Richtung geschwungen.
Das klassische Weltbild der Physik und Chemie machte den Weg für die Quantenphysik frei. Sie orientierte sich an der Theorie des wissenschaftlichen Erkennens, die es ihr nicht möglich machte, ihr eigenes Wesen als Ganzes zu erkennen. 1927 wurde die Heisenbergsche Unschärferelation veröffentlicht, die besagt, dass nicht alle Messgrößen

mit beliebiger Genauigkeit bestimmt werden können. Je zwei Größen sind über die Unschärferelation aneinander gekoppelt. Misst man also zum Beispiel den Ort eines Teilchens genau, so lässt sich seine Geschwindigkeit nur noch sehr ungenau bestimmen.

So wurde die Quantentheorie geboren, eine Verschmelzung von Physik und Chemie, die zu völlig neuen Erkenntnissen führte, darunter die verblüffende Tatsache, dass allein durch das Beobachten eines Objektes sein Zustand verändert wird. Wesentlich ist es jedoch zu verstehen, dass das neue Modell auf dem Alten fußt, eine Erweiterung erfährt und somit integrativ handelt. Die klassischen einlinigen Abläufe wurden zu Ganzheiten. Das Quantensystem ist so geordnet, dass sich alle Teile zueinander wie ein einziges einheitliches Teil verhalten. Dies ist ein holistischer Prozess, der sich auf das menschliche Bewusstsein übertragen lässt. Das Ganze ist mehr als die Summe aller Teile.

Das Universum – ein Hologramm?

Der Quantenphysiker David Bohm entwickelte aus den „Problemen", die die moderne Quantenphysik aufwarf, ein gänzlich neues Weltbild, das durch folgende Eigenschaften gekennzeichnet ist: Ganzheitlichkeit, Prozesshaftigkeit und Nicht-Teilbarkeit. Diese neue Ordnung vergleicht David Bohm mit einem Hologramm, in dessen Einzelteilen alle Gesamtaspekte gewissermaßen eingefaltet sind.

Hologramm hat seine sprachliche Wurzel im Griechischen:
    [hólos]   ganz, gänzlich, vollständig
    [hólon]   das Ganze, das Weltall
    [gramma]   das Zeichen, der Buchstabe

Sie haben vielleicht schon einmal ein Hologramm gesehen oder selbst in der Hand gehalten. Es sind ganz erstaunliche Lichtbilder, die durch einen Laserstrahl erzeugt werden und die ein dreidimensionales Abbild eines Gegenstandes wiedergeben, das von allen Seiten und Blickrichtungen betrachtet werden kann. Doch dies ist nicht das einzige verblüffende Merkmal eines Hologramms. Halbiert man z.B. das Ho-

logramm einer Sonnenblume und strahlt die Hälften mit einem Laser an, so erscheint in jeder der beiden Hälften das Bild einer Sonnenblume. Teilt man diese Stücke weiter, so erhält man immer wieder das Abbild einer Sonnenblume, wenn auch kleiner als zuvor. Jeder Teil eines Hologramms beinhaltet also – im Gegensatz zu einer normalen Fotografie – die Gesamtinformation des kompletten Bildes.
Diese charakteristische Eigenschaft eines Hologramms offenbart eine vollkommen neue Art des Verständnisses von Ordnung in der Natur, zu der auch der Mensch gehört. David Bohm sagt: Materie und Geist sind nicht voneinander getrennt. Die Welt, die wir empfinden können, ist eine explizite/aufgefaltete Ordnung. In dieser Welt befindet sich nach seinen Aussagen eine eingefaltete Ordnung, die Ordnung des schöpferischen Prinzips.

In diese Ordnung ist holographisch das ganze Universum eingefaltet. Dies stellt die tiefere Ordnung, die ursprüngliche Realität (den Ursprung), die Blaupause dar, aus der sich alle expliziten Formen in die sicht- und erfahrbare Realität hineinentfalten.
Das bedeutet, dass in jedem Teil der expliziten Welt die gesamte Information der impliziten Welt enthalten ist. Welchen Teil des Universums man auch herausgreift, in jedem ist die gesamte Information enthalten. Das gilt auch für jeden Menschen. Er trägt in jeder seiner Zellen die gesamte Information einschließlich der Zeit. Gegenwart, Vergangenheit und Zukunft fallen so in einem Punkt zusammen, und in jedem Augenblick erscheint die Welt neu. Unser Bewusstsein als Mensch ist an diesem Schöpfungsprozess vollkommen beteiligt.

Diese vollkommene innere Ordnung erlaubt es uns, sich mit ihr zu verbinden. Das versetzt uns lernend in die Lage, die auftauchenden geistigen Hologramme als Spiegelung des eigenen Bewusstseins zu erleben, das ständig neue Hologramme entwickelt.
Jedes Erkennen im Außen basiert auf bereits vorhandenen Manifestationen im eigenen Bewusstsein im Innen, das in Resonanz mit der angebotenen Manifestation tritt.

Der Prozesscharakter unseres Bewusstseins

Die Quantenphysik zeigt auf, dass es nicht die Teile gibt, die beobachtet werden können, sondern nur unterschiedliche Weisen von Beobachtung, sich dem Ganzen zu nähern. Das Teilchen der modernen Physik, das es zu beobachten galt, existiert nicht selbständig nach den neuen Erkenntnissen, sondern es ist nur dadurch existent, weil es in einer unmittelbaren Verbindung zu seiner Umgebung – dem sogenannten Feld – steht. Die Quantenphysik bringt uns den Prozesscharakter nahe, der interessanterweise ebenso für unser menschliches Bewusstsein gilt. Es handelt sich um die Gesetzmäßigkeiten lebendiger Systeme, wie sie überall und ebenso im menschlichen Bewusstsein anzutreffen sind. Hier wirken bewusste und unbewusste Prozesse gleichzeitig. Wer versteht nun, diese komplexen Prozedere in ihren Gesamtzusammenhängen wahrzunehmen? Diese Instanz existiert in unserem Bewusstsein; wir können sie als **Beobachter** bezeichnen.

Diese Größe denkt nicht logisch diskursiv, auch nicht emotional, sondern holistisch, ganzheitlich, somit das Ganze wahrnehmend und vollkommen wertfrei. Der normale Erklärungszusammenhang durch Zergliedern wird aufgehoben und macht dem Ganzen Platz, das nur über eine meditative Haltung erfahren werden kann. Das bedeutet, dass wir, wenn wir ganz leer sind, ohne Gedanken, ohne Bewertung, den gegenwärtigen Augenblick wahrnehmen – das, was ist – und dem Leben in dieser Hinwendung antworten.

Ich spreche an dieser Stelle gern davon, sich zu synchronisieren mit dem freien Fluss der schöpferischen Energie, die permanent anwesend ist, in uns, in allem, was ist. Hier nun verbinden sich die Erfahrungen meditativer Praxis, wie die im Zen-Buddhismus oder bei den Mystikern aller Zeiten, mit den Erkenntnissen der Quantenphysik. Denken wir hier z.B. an Max Planck, der – ausdrücklich als Physiker – in diesem Zusammenhang vom Geist als „Urgrund aller Materie" spricht. So ist uns die Tür zum integralen Bewusstsein weit geöffnet. Der leere Raum ist von überragender Bedeutung für unser menschliches Bewusstsein – es ist unsere Mitte. Hier ist der Sitz der spirituellen Intelligenz, die erst jetzt in das breite menschliche Bewusstsein treten kann und somit selbst ihren integralen Charakter nachweist.

Richtungswechsel: Von innen nach außen ...

Wir sind es gewohnt, die Dinge im Außen zu sehen und hier nach Lösungen zu suchen. Das neue Paradigma nimmt einen Blickwechsel und somit einen Richtungswechsel vor:

„Von innen nach außen und wie innen so außen."

Das zeigt die neue Blick- und Handlungsrichtung an. Im Wesentlichen lenken wir unsere Aufmerksamkeit nach außen an die Peripherie. Daher fragen wir nicht:
„Was ist da draußen in der Welt los?
Wie kann ich dem, was sich dort zeigt, begegnen?
Was ist derzeit mein Standpunkt?
Wie wirkt das Außen auf mich, passt es überhaupt in mein Leben, stimmt es mit meinen tiefsten inneren Werten überein?"
Wir sind eingeladen, unseren ganz persönlichen Standpunkt, der getragen wird von unserem Innen, auszubilden. Es geht um das sensible Wahrnehmen, in Übereinstimmung mit dem zu sein, was meinen Kern, meine Mitte ausmacht, zu wissen, wer ich in Wahrheit bin, und aus diesem Einklang zu handeln.

Auf andere Weise ausgedrückt geht es um

Sein – Tun – Haben.

Aus der fließenden Bewegung unseres Seins tun wir das, was wir sind, wir handeln danach und bekommen ein klares Ergebnis.

Das bedeutet, aus der eigenen Mitte zu handeln, von dem Ort des Bewusstseins, wo eine zeitlose Kraft herrscht. Hier sind wir mit unserer inneren Absicht, unseren Werten und den Prinzipien des Lebens EINS, erfahren das tragende Fundament aus Weisheit, Orientierung, Sicherheit und Kraft.

Das Tor zur multidimensionalen Intelligenz

Der Schlüssel liegt in unserem inneren Wissen darüber, wer wir sind und was unser Daseinsgrund ist. Vom Sein aus beginnt sich die eigene Wahrnehmung zu vergrößern, zu erweitern. Unser Blick öffnet sich, wird multidimensional. C.G. Jung hat sehr früh in seinem Modell der Tiefenpsychologie vom Selbst gesprochen. Es ist jene Größe, die über den Verstand und die Gefühle hinausgeht und als ordnendes und wertfreies Prinzip unseres menschlichen Bewusstseins beschrieben werden kann.

Über einen langen Zeitraum fehlte die Dimension des Transpersonalen, also dessen, was jenseits der personalen Erfahrung liegt. Diese Dimension ist inzwischen im dritten neuronalen System des Gehirns ausfindig gemacht worden, genau genommen geht sie aus seiner Mitte hervor.

Lineare, reflektierende Bewusstseinsprozesse zu kreieren, ist uns vertraut. Wenn wir diese mit der emotionalen Intelligenz verbinden, erscheint uns das natürlich. Unsere emotionale Intelligenz ist hier ein wesentlicher Faktor für unser seelisches Wohlbefinden im eigenen Leben. Das seelische Prinzip war im Zuge der Moderne aus dem Blick geraten und erfährt jetzt dankenswerterweise ein starkes Interesse bei vielen Menschen rund um den Globus.

Das seelische Prinzip ist ein integratives und kreiert, wenn es im Unbewussten verbleibt, Prozesse, die nach Erweiterung und Vervollständigung suchen. Auf diesem Wege ist es ein Akt schöpferischer Intelligenz, die Intuition hinzuzuziehen. Sie ist es, der es spielend gelingt, Zugänge zum Seelischen zu schaffen, was der kognitiven Intelligenz nicht möglich ist. Vielmehr wird diese im reflektierenden Bewusstwerden eine Brücke bauen, um Gesamtzusammenhänge des eigenen Lebens zu verstehen und Integration zu ermöglichen. Ihre Stärke liegt im strukturgebenden und reflektorischen Element.

Durch die Schulung unserer Intuition, unserer Körperweisheit und unserer kollektiven Intelligenz öffnen sich Türen zu jener Kraft in uns, die das reine Sein ist.

Das ist das Tor zur multidimensionalen Intelligenz, die in der Lage ist, gleichzeitig mehrere Dimensionen des Bewusstseins wahrzunehmen, sie essentiell zusammenzufassen und in die Quintessenz zu führen.

So öffnet sich für uns der Pool der grenzenlosen, kreativen Schöpfungskraft und wir kommen mit unserer „inneren Wahrheit, unserer wahren Größe" in Kontakt. Wir beginnen uns als ein Wesen multidimensionaler Intelligenz zu verstehen, das aus seinem integralen Bewusstsein handelt.

Auf diese Weise können wir die verschiedenen Ebenen unseres menschlichen Bewusstseins untereinander und miteinander im Einklang bringen. Ein ganz natürlicher Wachstumsprozess beginnt, der immer größere Kreise zieht.

Weibliche und männliche Schöpfungsenergien

Unsere immaterielle Ebene ist die Ebene des zeitlosen Seins. Hier existiert der Pool unendlicher schöpferischer Energie. Weibliche und männliche Schöpfungsenergien formen immerfort neues Leben, ein ewiger Kreislauf von Werden und Vergehen.

Aus den östlichen Kulturen sind uns diese unter dem Begriff von Yin und Yang bekannt. C.G. Jung spricht von Archetypen oder Seelenkernen. Diese Kräfte leben in der menschlichen Seele, und so äußert sich das schöpferische Prinzip durch einen jeden Menschen und durch alles, was ist.

Die weiblichen Schöpfungskräfte sind:
- rezeptiv
- empfangend
- intuitiv, kreativ
- bildhaft (aufsteigende Bilder aus dem Seelengrund, der Mitte)

Die männlichen Schöpfungskräfte sind:
- strukturierend
- lenkend
- von einer kreativen Vorstellungskraft
- Bilder erdenkend

Beiden gemeinsam ist die zeitlose Weisheit.

Unsere spirituelle Intelligenz ermöglicht es uns, mit der schöpferischen Energie des Lebensprinzips bewusst zusammenzuarbeiten zum Wohle unseres ganzen Systems, das wiederum mit allen anderen lebendigen Systemen verbunden ist.

Wahrnehmung – Selbstbewusstheit – Ausrichtung

Die neuen Facetten unserer intuitiven Wahrnehmung erfordern von uns, diesen Fähigkeiten und Ressourcen zu trauen und sie natürlich zu gebrauchen. So ist unser Körper ein sehr feines Wahrnehmungsinstrument, das über ein eigenes Bewusstsein, das sogenannte Körper- und Organbewusstsein verfügt.

Ebenso sind wir über unsere Spiegelneurone in der Lage, uns tief in das Wesen des anderen hineinzufühlen. Spiegelneurone befinden sich in verschiedenen Regionen unseres Gehirns, auch in denen, die Bewegungen steuern, Gefühle und Schmerzen. Ob wir uns selbst in den Finger schneiden oder nur Beobachter sind: die gleichen Nervenzellen werden aktiv. In gewisser Weise können wir dadurch „fühlen", was ein anderer fühlt, können seine Freude, seinen Kummer nachempfinden – erahnen, wie es ihm geht. Durch das Einbeziehen weiterer Sinne, wie zum Beispiel den Wortsinn und Wertesinn, erfahren wir eine ständige Erweiterung unseres Bewusstseinsfeldes.

Unsere eigene Selbst-Bewusstheit ist gefragt. Im Zentrum unserer Mitte findet sich ein Raum von Wertfreiheit, der über alle Zeit hinaus die höchsten ethischen Werte der Menschheit trägt. Im Hinwenden an die eigene Intuition und im Freiwerden können wir den Impulsen unserer inneren Führung vertrauen lernen.

Es liegt in unserem persönlichen Einflussbereich, unseren inneren Einsichten zu folgen und hierüber – sozusagen im Einklang mit den schöpferischen Kräften – zu handeln. Dadurch gewinnen wir ein hohes Maß an Sicherheit, Weisheit, Kraft, Orientierung und Lebendigkeit, die ansteckend ist.

Wenn es uns gelingt, unser Leben um das zeitlose Prinzip zu zentrieren, wird es auch möglich, von diesem Punkt aus, unserer Mitte, alles andere auszurichten. Dazu ein Bild: Wenn Sie in das Innere einer Sonnenblume schauen, so können Sie erkennen, wie sich von der Mitte her die ganze Entfaltung der Blume ordnet.

Alles ist schon da und es geschieht – das sind für mich die Schlüsselerfahrungen, die in das pure Lebendig-Sein führen.

Augen-Blick

Was ich sehe, ist das, was ich denke,
was ich fühle, ist, wie ich lenke,
was ich tue, ist das, was ich bin.

Wenn ich schaue auf das, was geworden,
ist die Liebe zu mir und zu Dir
der Schlüssel,
um all dem, was gewesen,
Raum zu geben zum Genesen.

So lass ich mich fallen ins Fließen.
Werd all den Reichtum genießen,
der in dem Augenblick sich entfaltet,
für den ich gekommen bin.

Wenn ich Dir und den Anderen begegne,
wird all das, was wir sind, uns als
Wohlstand
reich segnen, weil wir fühlen,
wer wir in Wahrheit sind.

So wird das Kleine zum Großen,
und das Große zum Boten
für eine Welt, die wir gemeinsam sind.

Zeichen am Weg

So wie sich uns Menschen das heutige Leben zeigt, bildet sich ein weitverzweigtes Miteinander-Vernetztsein ab. Was Mystiker zu allen Zeiten bezeugten, nämlich dass alles Leben aus dem Urgrund des Seins hervorgeht und Teil des Ganzen ist, was mehr ist als die Summe aller Teile, das bestätigt heute die moderne Quantenphysik.
Alle Welten sind miteinander verwoben zu einem komplexen Lebensgewebe, in dem alles einander bedingt. Wir beginnen zu erkennen, dass unsere persönlichen Haltungen und Handlungen weitreichende Konsequenzen im eigenen Leben und in dem uns umgebenden sozialen Feld haben – bis hin zum Kollektiv.

Lassen Sie uns den innewohnenden Seelenkräften mit ihrem ewigen Kern vertrauen lernen. Im eigenen Seelengrund webt das Leben den ewig neuen Faden des Seins. Das Alte, Abgestorbene, Untaugliche darf gehen, um dem darunter liegenden Lebenskeim zur Geburt zu helfen. In jedem von uns lebt diese „innere Stimme". Sie zeigt sich auf verschiedenste Art und Weise. Für den einen ist sie der rote Faden, der in seinem Leben wirkt und webt; oder es sind die Gleichnisse, die still zu ihm sprechen; für den anderen ist es das innere Hören und Sehen.
So wie der Fingerabdruck eines Menschen nicht noch einmal bei einem anderen wiederzufinden ist, ebenso wenig wiederholbar ist das Geheimnis göttlicher Offenbarung in seiner Vielfalt, die ihren einzigartigen Ausdruck in jedem Einzelnen findet. Jeder von uns ist eingeladen, dem Ruf der Liebe, die uns als Ebenbürtige anspricht, auf seine ganz eigene Art und Weise zu folgen und sie zum Ausdruck zu bringen.

Dieses Buch ist aus meinem jahrelangen inneren Hören und Sehen geboren, der Stimme meines Herzens zu folgen. Es versteht sich als Faden eines Netzes, das von vielen Menschen auf dieser Erde gewebt wird.
Das Mysterium Leben selbst wirkt diesen Faden, dessen Essenz Vertrauen, Kraft und bedingungslose Liebe ist. Ich lade Sie herzlich ein, sich von meinen Erfahrungen inspirieren zu lassen.

Die Frau, die meine Seele liebt,

wird Leben genannt.

Sie ist wunderschön und zieht alle Herzen an sich.

Sie nimmt unser Leben als Pfand

Und stillt unsere Sehnsucht mit ihren Versprechungen.

Khalil Gibran

Mehr als „nur" ein Traum

Träume weben unsere Wirklichkeit. Für Naturvölker, wie zum Beispiel die Aborigines, ist es *Selbst*-verständlich, an jedem Morgen die Träume der Stammesmitglieder in ihrer gemeinsamen Essenz zu verstehen und aus ihnen die Weisungen des Göttlichen ins tägliche Leben umzusetzen. Gewohnt, meiner „inneren Stimme" und den Botschaften meiner Träume zu lauschen, erreichte mich eines Nachts ein wahrhaft wegweisender Traum:

Ich bin am Meer – es ist eine sternenklare Nacht.
Vierzehn Sterne fallen vor mir auf den Strand.

Es sind Lichtkugeln – sie öffnen sich.

Sieben männliche,
sieben weibliche Wesenheiten
von unendlicher Schönheit
treten aus diesen Lichtkugeln hervor.

Sie sagen:
„Du bist auf die Erde gekommen, um uns zu erinnern, wer wir sind.
Je länger wir auf der Erde sind, umso mehr werden wir vergessen,
wer wir wahrhaft sind."

Am nächsten Morgen stand ich auf und wusste, dass ich von nun an dem inneren Hören und Sehen ungeteilte Aufmerksamkeit schenken wollte. Je bewusster ich mir über die Botschaft des Traumes wurde, umso klarer bildete sich meine Lebensaufgabe ab. Meine „innere Führung" unterrichtete mich über meine innewohnende Schöpferkraft, aus der heraus ich unendlich viele Hologramme erschaffen habe.
Ein Hologramm zeigt dem Betrachter unendlich viele Facetten eines Objekts durch die unterschiedliche Wirkung des einfallenden Lichts. Hologramme sind Spiegelungen meines Bewusstseins über mich selbst, eben das, wie ich die Wirklichkeit verstehe, nicht mehr und nicht weniger.

Es geht darum zu verstehen, unsere wahre Größe zu entfalten, jenseits aller Hologramme, die unser Bewusstsein ständig erschafft.
Mein Wesenskern ist die Quelle allen Seins, da bin ich Einheit – Eins.
Hier bin ich frei von allen Gravuren und deshalb in der Lage, als Freie zu handeln.

Spiel Dich, probier Dich aus.
Akzeptiere, dass die Szenen wechseln, nichts bleibt, wie es ist.
Der Strom des Lebens bringt Dir unendlich viele Informationen:
laute, leise, sanfte, stürmische, aufkeimende, vergehende.
Du lernst ihre Rhythmen kennen,
reite auf dem Kamm der Welle,
anstatt Dich von ihr in die Tiefe reißen zu lassen.
Halte einen Moment inne, lausche!
Was Du hörst ist Stille – Nichts.
Das ist es!
Das bist Du!
Einfach nur DASEIN – „EINSSEIN".

Aus meinem Erleben gilt es den Kern unseres Menschseins bis in jede Zelle hinein zu entfalten, Fleisch zu werden, Geist in Fleisch gegossen, der sich in seiner Essenz als freie Schöpfungskraft neue Welten erschafft, die im Einklang mit dem darin wirkenden schöpferischen Prinzip stehen.

Meine Aufgabe ist es, Menschen zu inspirieren, die sich erinnern wollen, wer sie in Wahrheit sind und welche Aufgabe sie in ihrem Leben hier auf der Erde wahrnehmen wollen.

Die Essenz meiner Aufgabe lautet:
Wahre Größe leben und geben.

Ich wünsche Ihnen von ganzem Herzen, dass sich Ihnen Ihr Kern wesenhaft erschließt und Sie dem Ruf Ihrer Seele vertrauensvoll folgen.

Um Sie dabei zu unterstützen, habe ich gemeinsam mit Henryk Polus eine Meditations-CD aufgenommen.
Sie lautet: **Schritte in die Wesensmitte.**
Auch diese CD ist aus dem inneren Hören geboren.
Diese geführten Meditationen als auch die Musik verstehe ich wie Bausteine zu einem Leben, das die Liebe, die in Ihnen strömt, in all ihren Facetten ausleuchtet, damit die Liebe, die Sie sind, überallhin fließen kann.

Sie finden den Hinweis auf die CD im Anhang des Buches.

In dem Augenblick,

in dem man sich ganz einer Aufgabe verschreibt,

bewegt sich die Vorsehung auch.

Alle möglichen Dinge,

die sonst nie geschehen, um einem zu helfen –

ein ganzer Strom von Ereignissen

wird in Gang gesetzt durch diese Entscheidung,

und er sorgt zu den eigenen Gunsten

für zahlreiche unvorhergesehene Zufälle,

Begegnungen und materielle Hilfen,

die sich kein Mensch vorher je

so erträumt haben könnte.

Was immer Du kannst oder Dir vorstellst,

dass Du es kannst, beginne es.

Kühnheit trägt Genius, Macht und Magie in sich.

Beginne jetzt.

Johann Wolfgang von Goethe

Teil 2: Der „inneren Stimme" folgen

Sich ganz der inneren Aufgabe verschreiben

Im neuen Jahrtausend stehen viele Menschen, die in der Tiefe ihres Herzens bereit sind, sich selbst in ihrem Sein, ihrer Ganzheit zu erkennen und zu erfahren. Nach allem, was ich bisher durch andere und über mich selbst gelernt habe, hat die Menschheit im neuen Jahrtausend die Möglichkeit, sich von dem innewohnenden Prinzip ergreifen zu lassen, dem Strom zu folgen, der zum Meer fließt, weiter noch – zum Strom zu werden, der sich durch uns in diese Welt hinein ergießt.

Diesem Ruf zu folgen, dem Geist der bedingungslosen Liebe, Weisheit und Vollmacht Tür und Tor zu öffnen und damit die anstehende Verwandlung des alten Menschen zum neuen Menschen hin mit einem eindeutigen „Ja" zu beantworten – das ist Herausforderung und Einladung zugleich.

Der Mensch, hineingestellt in diese Welt, in ihr Treiben und Geschehen, fängt an, seinen Blick den innewohnenden Welten zuzuwenden. Die inneren Augen und Ohren beginnen sich zu öffnen, und auf diesem Weg wird er sich seiner zunehmend wesenhaft bewusst.

In dem Augenblick, wo er den Ruf vernimmt, der aus seinem Innern kommt, von seinem Wesen her, führt ihn sein Weg stufenweise stromaufwärts – der Quelle entgegen. Er folgt dem großen Geheimnis, dem Unaussprechlichen, das jeder Menschenseele innewohnt. Von innen her öffnet sich ihm eine Tür. Die in ihm wirkende Liebe, die ihn erwählt, „sie" allein weiß, wann er reif ist für diesen Schritt.

Ihrem Ruf zu folgen heißt, bewusst Wanderer zwischen den Welten zu werden. Schritt für Schritt in der für ihn noch ganz ungewohnten Art und Weise beginnt er, sein und das ihn umgebende Leben von innen her zu sehen, zu hören, wahrzunehmen, dem Wesentlichen Raum zu geben. Ahnend erfährt er, welcher Sinn im eigenen Leben verborgen ist. Dieser erschließt sich ihm, und seine wesenhafte Aufgabe beginnt sich ihm mitzuteilen – kommt ihm entgegen.

Wie ein Baum in der Erde verwurzelt, im Stamm aufstrebend in die Krone, die er dem Himmel entgegenstreckt, ist der Mensch Wesen zweier Welten, die doch eine ist.

Auf diesem Weg stellt sich ihm sein Schatten in den Weg – als das, was in seinem Unbewussten darauf wartet, in Liebe das Licht der Welt zu erblicken.

Wo viel Licht ist, ist auch viel Schatten

Was aber ist der Schatten?
Einfach all das, was uns nicht bewusst ist, was in uns wirkt und wo es zunächst so aussieht, als hätten wir keine Macht darüber, aus alten Verhaltensweisen und Wiederholungen dauerhaft auszusteigen.
Zwischen Licht und Finsternis gestellt, haben wir die Aufgabe, die in uns wirkenden Schattenkräfte zu wandeln. Im Schatten liegt der Schatz, den es zu heben gilt, ganz so wie im Märchen; es gilt also, der Lebensenergie den freien Fluss zu gewähren.
So wie bei einer Sonnenfinsternis der Mond die Sonne verstellt, ist aber gerade dadurch die Aura – die Korona der Sonne – in ihrer unbeschreiblichen Schönheit und Leuchtkraft zu sehen. Die mondischen, unbewussten Kräfte stehen vor der in uns anwesenden „leuchtenden Sonne" – unserem Wesenskern.
In dem Augenblick, wo wir eine neue Wahl treffen, uns nach unserem Kern auszurichten und nicht mehr nach den sich wiederholenden Programmierungen unseres Unterbewusstseins, beginnt der Weg in Richtung Freiheit. Wir sind pulsierendes Leben, Liebe und ein Ausdruck herzlicher Freude.

Stille und Meditation bieten ein zentrales Fundament an für diesen aufdeckenden Prozess.
„Mensch, erkenne Dich selbst, dann erkennst Du Gott."
Ein Satz, der den meisten von uns vertraut ist und in so klaren Worten die Wahrheit über uns selbst zum Ausdruck bringt.
Wie den Reben, die still am Weinstock reifen, wehen uns aus dem Überbewussten, der „transpersonalen Ebene" unseres Bewusstseins all die Kräfte zu, die wir als Gnade erfahren, um diesem Reifungsgeschehen zu vertrauen.

Bei allen Wachstums- und Werdeprozessen ereignet sich das Wesentliche im Stillen – „*es*" geschieht.

In diesem Geschehen wirken aus dem Seelengrund auch die Archetypen mit hinein. Hierbei handelt es sich um Kraftkerne der Seele. Um diese sammelt sich Energie, die sich im Bewusstsein als Bilder konzentriert. Die Seele spricht in Bildern zu uns. Diese Kräfte sind numinoser, unaussprechlicher Natur und finden sich in sogenannten Urbildern, den Archetypen, wieder: Mutter – Vater – Kind, womit nicht die persönlichen Eltern gemeint sind.

Aus den großen Archetypen leiten sich unzählige weitere ab, die in allen Kulturkreisen zu finden sind. Diese archetypische Energie kann als Symbol oder personifiziert auftreten. Es sind universelle Muster, die in der Essenz aller Religionen, Mythologien und Märchen zu finden sind. Es gibt keine festgelegten äußeren Formen, jedoch Inhalte.

Im seelischen Reifungsprozess sind die Archetypen von höchster Bedeutung, da sie den Menschen aus dem Grund seiner Seele daran erinnern, die seinem Leben zugrunde liegende Schöpfungsidee essentiell hervorzubringen.

Die Elemente, Gestirne, alles, was lebt und ist, im Irdischen wie im Himmlischen, weben mit an seiner Werdung – still sich gebend. Webendes, Gestaltendes umgibt ihn, durchdringt ihn.

Er erfährt sich selbst als den in ihm und um ihn lebenden Schöpfungsgesang, wie „es" ihn Stufe um Stufe durchdringt, durchtönt, er selbst Gesang werdend, das Göttliche im Menschsein leibhaftig bezeugend. Himmel und Erde feiern Hochzeit in ihm und – mitten unter den Menschen lebend – gibt er Zeugnis vom Reich Gottes, das für ihn Wahrheit geworden ist, allein durch sein persönliches Werden. Geboren aus dem „Stirb und Werde", erneuert er das Angesicht der Erde.

Das Mysterium menschlicher Werdung

Die menschliche Bausubstanz besteht aus dem mütterlichen Ei und dem väterlichen Samen. Aus der Vereinigung von Ei und Samenzelle entsteht ein neues Geschöpf, ein sich entfaltendes Geheimnis von menschlicher Werdung, ganz ureigener Ausprägung, wie es vorher noch nicht in dieser Welt war – ein unaussprechlich großer Schöpfungsakt. Ei und Samenzelle sind sozusagen die Trägersubstanz, die wir mit unserem seelisch-geistigen Feld ausfüllen, erfüllen und in die Gestaltung eines menschlichen Wesens münden lassen.

Sie enthalten neben dem, was wir sonst als Erbinformationen verstehen, all die Gaben und Qualitäten unserer Eltern, Großeltern, unserer Ahninnen und Ahnen, jene Potenziale, die sie ins Leben gebracht haben, um die Entwicklung der menschlichen Spezies weiter voranzubringen. In unserem „Erbgut" tragen wir auch all das unbewusst Gebliebene ihrer Lebensthemen, das uns als zu lösende Aufgabe im Sinne von Weiterentwicklung und Vervollständigung unterbreitet wird. In allem aber wirkt der spirituelle Geist unserer Vorfahren, **ihr Vermächtnis, der Teil ihres Traumes,** den sie in die Welt gebracht haben und an dem wir weiterweben. So hat die junge Seele Teil am **Geist** dieser Familie, **an ihrem spirituellen Vermächtnis.** Wir werden „hineingeatmet" in die menschliche Form.

Die **Seele** trägt den Körper, nicht der Körper die Seele. Jeder von uns kommt als frei schwingender Kern in diese Ummantelung, Umhüllung, die seine Lebensmatrix ausmachen wird, sozusagen die Reise- und Entwicklungsbedingungen.

Da wir ein allumfassender menschlicher Leib sind, schwingen in uns die Seelenfelder unserer Vorfahren, die uns ihre gesammelten Erfahrungen in Sachen Mensch-Werdung zur Verfügung stellen. In den **Wurzeln** unseres Lebensbaumes ruhen all die **Schätze** und **Qualitäten** und die weiter zu entwickelnden Aufgaben, um die **vollständige Entwicklung** unseres innewohnenden **Liebespotenziales** ganz und gar auf dieser Erde zu manifestieren. Die Herkunftsfamilie ist wiederum nur ein Teil der gesamten Menschheitsfamilie – **der Weltenfamilie,** die in ihrer ureigenen Weise ihre Fäden webt, um den riesigen Lebensteppich **Liebe** mitzugestalten. So verkörpern wir einerseits unseren persönlichen Lebensbaum, wo die Wurzeln weit zu unseren Vorfahren reichen; andererseits gehören wir alle zum großen Lebensbaum und sind wiederum ein unverzichtbarer Teil von ihm.

Um zu verstehen, wie sich im täglichen Leben solche Verknüpfungen äußern, ist es zunächst einmal wichtig, sich vor Augen zu führen, dass das Erbe unserer Vorfahren allein deshalb auf unserem Lebenstisch liegt, weil es weiter entwickelt werden möchte, **nicht** um uns zu beschweren mit einer Bürde, sondern um die **weitere Entwicklung** der **Menschheit** als **Ganzes** voranzubringen. Jeder von uns ist **Kanal,** all das, was nicht verstanden worden ist, in **Erkennen** und **Verstehen** umzuwandeln, es auszudrücken und in **Freude** und **Lebenskraft** überzuführen.

Viele unserer Gefühls- und Gedankenwelten sind über Generationen manifestierte Lebensmodelle, die sich längst als untauglich erwiesen haben. Es geht darum, in einer gesunden Distanz aus seiner Mitte heraus, **seinem Beobachter,** auf solche Muster zu schauen und sie der Eigendynamik zu entkleiden, die sich durch die Weitergabe über die Generationen in unserer Lebensmatrix befinden.

Aber lasst Raum zwischen euch.
Und lasst die Winde des Himmels zwischen euch tanzen.
Liebt einander, aber macht die Liebe nicht zur Fessel:
Lasst sie eher ein wogendes Meer zwischen den Ufern eurer Seele sein.
Füllt einander den Becher, aber trinkt nicht aus einem Becher.
Gebt einander von eurem Brot, aber esst nicht vom selben Laib.
Singt und tanzt zusammen und seid fröhlich,
aber lasst jeden von euch allein sein.
So wie die Saiten einer Laute allein sind
und doch von derselben Musik erzittern.
Gebt eure Herzen, aber nicht in des Anderen Obhut.
Denn nur die Hand des Lebens kann eure Herzen umfassen.
Und steht zusammen, doch nicht zu nah:
Denn die Säulen des Tempels stehen für sich,
Und die Eiche und die Zypresse wachsen nicht
im Schatten der anderen.

Khalil Gibran
(Aus: „Der Prophet")

Staffelläufer der Evolution

Wenn ein Kind in den Kreis seiner Familie hineingeboren wird, so ist es umgeben von Mutter und Vater, Großeltern, Geschwistern, Tanten, Onkel, Cousinen und Cousins. Zu diesem Kreis gehören ebenso die Ahninnen und Ahnen des Neugeborenen mit ihrem Vermächtnis.

Wie Augen- oder Haarfarbe werden dem Kind auch seelisch-geistige Haltungen und Einstellungen zu den unterschiedlichsten Themen des Lebens von seinen Vorfahren weitergereicht, „vererbt". Diese Matrix (Programmierung) wirkt, einfach so, weil das familiäre als auch das kollektive Unterbewusstsein ein Speicher ist, der alles, aber auch alles speichert und als Information anbietet.

Diese kann der Mensch auf die immer gleiche Art und Weise benutzen oder sie grundlegend umschreiben, also das Leben völlig neu erfinden: voller Freude und Schönheit, Begeisterung und Fülle.

Dankenswerterweise erbt der Mensch auch all das Aufbauende, Schöpferische und Gesunde. So ist er immer schöpferisch Tätiger an seiner persönlichen Lebensaufgabe, andererseits Mitwirkender an der Verwirklichung einer neuen Schöpfung, die fortlaufend entsteht.

Sich diesem Entwicklungsgeschehen zu öffnen heißt zu begreifen, dass die seelischen Dimensionen des Einzelnen weit über das persönliche Leben des Einzelnen hinausgehen. Der Einzelne ist auch immer ein Teil des Kollektiven – ein Teil des Ganzen.

Wir tragen also eine Fülle von Informationen in uns, die verschlüsselt in unserem Unbewussten und im Zellbewusstsein liegen. Diese setzen sich genau aus den Informationen zusammen, die mindestens in den letzen vier Generationen von unseren Vorfahren in Handlung umgesetzt worden sind.

Das sind Informationen, die schon früh in unseren Zellkern hineingewebt wurden, die uns aber nicht in unserem Wesenskern ausmachen. Es sind lediglich Gravuren. Da sie mit Emotionen verbunden sind, entwickeln wir daraus ein Reiz-Reaktionsschema – ein Schema, nicht mehr und nicht weniger. Unser *Wesenskern* ist somit nicht davon betroffen.

Das bedeutet jedoch nicht, dass wir in weitere Wiederholungen eintreten müssen, wenn wir lernen, die Position des Beobachters einzunehmen. Er betrachtet diese Ansammlungen von Informationen, sieht sie sich an wie ein Theaterstück und weiß: „Aha, ich bin der Regisseur dieses Stückes, ich bestimme, welche Rolle ich jetzt spiele."
Rollen gibt es viele; sie bewusst zu wählen für eine bestimmte Erfahrung, ist etwas anderes, als mit den psychischen Inhalten unseres Unterbewusstseins zu verschmelzen und in einer Fixierung, die wir für unsere wahre Identität halten, hängen zu bleiben.

Es ist wesentlich zu wissen, dass unser Unterbewusstsein so etwas wie ein Schwamm ist, der alles aufsagt und völlig unreflektiert jedwede Gravur und Prägung in sich aufnimmt.
Es sagt zu allem Ja, weil es nur das Ja kennt.
Das Unterbewusstsein besitzt keine Prüfinstanz, die sagen würde: „Ja, das war nutzbringend im Krieg, da hast du dich versteckt. Jetzt ist es nicht förderlich, dich zu verstecken. Auf diese Weise bleibst du allein und erlebst die dich umgebende Welt feindlich."
Das Unterbewusstsein sorgt großartig für unser Überleben und will uns schützen. Es weiß also nicht, dass die Zeit weitergegangen ist, die Situationen sich geändert haben und vieles von dem, was es zum Überleben gespeichert hat, aus heutiger Sicht nicht mehr zielführend ist.
Wenn es eine Schutzhaltung gespeichert hat, die in der Gefahr unser Überleben gesichert hat, dann kann die gleiche Haltung – wie in unserem Beispiel, sich ständig zu verstecken – uns schädigen, weil keine weitere Entwicklung stattfindet.
Angst schränkt uns ein, macht eng, und unser Körper bildet eine Unmenge Stresshormone aus. Diese schaden uns, wenn wir nicht wieder auf den Modus Entfaltung „umschalten". Wir befinden uns dann im sogenannten „Schutzmodus".
Das bedeutet also ganz konkret, dass es sehr sinnvoll ist, einmal Gelerntes auf seine Tauglichkeit zu überprüfen und immer wieder notwendige Kurskorrekturen vorzunehmen.

Wenn also ein Hindernis oder ein sogenannter „Schicksalsschlag" zur Chance unserer Weiterentwicklung werden soll, gilt es, alte Familieninformationen zu entschlüsseln und zu klären, ob wir in dieser Art und Weise handeln wollen oder die Weichen in Richtung schöpferisches Handeln bewegen wollen. Wir haben immer die Wahl zu entscheiden, was wir wirklich wollen. Das bedeutet, wenn wir alten Gedanken aus dem familiären Erbe und den damit verbundenen Emotionen folgen, werden unsere Handlungen ein entsprechendes Ergebnis hervorbringen:
Wir folgen dann einer Spur, die nicht unserem *Wesenskern* entspricht, wir richten uns nach der eingegebenen Gravur.

Unsere Möglichkeit ist jedoch, eine ganz persönliche Signatur hervorzubringen und unser Geburtsrecht auf ein erfülltes, gesundes und glückliches Leben umzusetzen.
Wie aber können wir destruktive Verknüpfungen und die psychogenetische Programmierung aufgeben, die wir von unseren Vorfahren übernommen haben?

Zunächst einmal können wir unseren Eltern, Großeltern und weiteren Vorfahren unsere Wertschätzung für ihre Kreationen geben und gleichzeitig verstehen: Es sind ihre Vorstellungen, ihre Gefühle, ihre Handlungen, ihre Resultate.
Das ist weder gut noch schlecht: Es ist, was es ist.

Wir können durch unsere Entscheidung, aus solchen Fixierungen hinauszutreten, Weichen stellen, unserer Lebensenergie eine neue Richtung geben, wo wir uns nicht als Opfer oder Täter erfahren, sondern als Freie.
Dadurch senden wir zeitgleich neue Impulse in das Feld unserer Vorfahren, das Leben in seiner ganzen Fülle und Freude schöpferischer Intelligenz zu bejahen.
Im Wiederholungsgesang auf der nächsten Seite wird dies deutlich.
In diesen einfachen und klaren Sätzen findet sich die Weisheit der Liebe vom Ich zum Du – von Generation zu Generation.

I am a circle

I am healing you

you are a circle

you are healing me

Unite us – be as one

Unite us – be one

Ich bin ein Kreis
Ich heile Dich
Du bist ein Kreis
Du heilst mich
Vereinige uns – sei wie eins
Vereinige uns – sei eins.

Heilung ist nie die Sache eines Einzelnen, sondern immer das Geschehen aller und von allem – des Sichtbaren und des Nichtsichtbaren, des Fassbaren und des Unfassbaren – ein Mysterium. Heilung geschieht, sie ist nicht an Raum und Zeit gebunden. Im Augenblick ihres Geschehens greift ihre Information in die Vergangenheit, die Gegenwart und die Zukunft ein.

Balancierte und vor Leben sprühende Energiefelder fördern das Eigentliche, Wesentliche, Wesenhafte des Menschen zutage. Wie ein Stein, der ins Wasser fällt und Kreise zieht, steht ein jeder von uns in seinem Kreis, der nur wieder Teil des nächstgrößeren Kreises ist – der Kreis im Kreis im Kreis – also die Familie in der Familie in der Weltenfamilie. Die von allen Kulturen erträumte Vision einer geheilten Erde mit all ihren Bewohnern und eines neuen Himmels stellt sich als kollektive Wahrheit dar.

Jeder Kreis ist ein Abbild des Ganzen und trägt die Möglichkeit in sich, Hand in Hand für ein und dasselbe Ziel zu gehen – die Liebe, die wir sind, total ins Bild zu setzen und auf dieser Erde zu verankern, zum Wohle aller.

Heilendes, kreisendes Geschehen

*In der Stille zu lauschen
auf das, was nicht hörbar ist*

*in Worten zu entdecken,
was nicht gesagt werden kann*

*im Verstehen aufzuhören,
es zu benennen*

*Dem Herzen erlauben
sich hinzugeben*

ganz

Der Stimme des eigenen Herzens lauschen

Auf Deinem Weg, die verschiedenen Strukturen Deines familiären Unbewussten – Deine Ahnengalerie – zu bereisen, triffst Du all die Potenziale Deines Clans, die sich nach Bewusstwerdung und Wandlung sehnen.

Es ist „hohe Zeit", dass sich jeder von Euch darüber klar wird, wie sehr er Teil eines Ganzen ist und wie wesentlich es ist, nicht nur das persönliche, sondern auch das familiäre Feld in die Frequenz der Liebe mit einzubeziehen. Darin liegt das Geschenk, dass Ihr zunehmend mehr Eure wahre Verbundenheit erfahren werdet und den Geist der Trennung überwinden könnt. Eure Innenwelten spiegeln sich in Eurer Außenwelt, da, wo Ihr seid, mit wem Ihr lebt, welcher Arbeit Ihr nachgeht, in all den Menschen, denen Ihr Euch verbunden fühlt und all denen, die Ihr ablehnt. Alles ist Spiegel, Gleichnis Eurer erschaffenen Wirklichkeiten. Eure Hologramme sind nicht Eure Wahrheit, sondern das, was Ihr versteht.

Es ist wie in einem Theater: Ihr seht ein Stück, Ihr geht mit jedem Schauspieler mit, fühlt, was er fühlt, und für eine Weile vergesst Ihr, dass es ein Theaterstück ist. Da identifiziert Ihr Euch mit dem Stück.

Der entscheidende Lernprozess ist zu begreifen, dass Ihr im Theater sitzt, Stückeschreiber und der Regisseur seid und dass alle handelnden Personen ihre Rolle spielen.

Es sind jedoch nur Rollen.

Wenn Ihr beginnt, genau auf Eure Reaktionen zu achten, welche Rolle Ihr gerade spielt, erhaltet Ihr Hinweise, welche Themen Eurer Seelenlandschaften bewusst werden wollen.

Diese Geschichten gilt es auf eine sehr einfache Weise anzuschauen und zu prüfen: Dienen sie Euch und spiegeln sie ein lebendiges Leben wider?
Wo nicht, ist Handlungsbedarf.
Ein ungeheurer Reichtum wird sich in jedem von Euch ausbreiten, wenn Ihr Eure Schöpfungskräfte von Destruktion und Verstrickungen befreit und Euer Tun und Miteinandersein ein einziger Ausdruck von Liebe ist.
Liebende sind Ebenbürtige, die um ihren Weg wissen. Nichts drängt sie, sich von anderen unterscheiden zu wollen. Der Kelch des Mitgefühls öffnet sich im Du, das sich still verströmt.
Erinnert Euch, wer Ihr seid – wahrer Mensch und wahrer Gott.

Danke Deinen Eltern für das Geschenk Deines Lebens. Sie waren Dir Tor, Deinen Platz in dieser Welt einnehmen zu können. Mit ihren Möglichkeiten haben sie Dein Leben begleitet, gesichert und Dir die Grundlage gebaut, von der aus Du in die Erfahrungen Deiner Menschwerdung starten konntest. Sie sind durch vieles hindurchgegangen wie Krieg, Not, Entbehrungen und Gewalt. Ihre Seelen sind wie die von Unzähligen erschüttert worden. Die Angst war ihnen lange Zeit unliebsamer Begleiter. Es ist an Dir, mit vielen an die Liebe zu erinnern, die als unerschütterliche Flamme in den Herzen aller Menschen brennt. Lebe sie, gib sie weiter, werte nicht.

Ihre Hologramme sind aus der erlebten Angst, den Schmerz, Tränen, Not und Gewalt gewirkt. Deine Eltern und Großeltern werden ins Leuchten geraten, wenn Ihr einander annehmt, anerkennt und würdigt. So entbindet Ihr Euch von den Wirkungen alter Erfahrungen, damit Ihr ein unverstelltes Leben ergreifen könnt.
Erfahre Dich aus der Einheit – gebrauche Deine Vollmacht; sie ist Dein Geburtsrecht, seit Anbeginn der Zeiten.
Jetzt ist die Zeit auf dem Planeten gekommen, wo Ihr begreifen werdet: „Werdet das, was Ihr in Wahrheit seid."
Je mehr Du das Feld Deiner Seele klärst und verwandelst, umso mehr gelangen diese Botschaften der Liebe in das Seelenfeld Deiner gesamten Familie.
Es ist hohe Zeit, Emotionen von Schuld und Scham hinter Dir zu lassen und zu erfahren, dass Ihr einander die großartige Möglichkeit schenkt, Euch in Eurem Mensch-Sein total kennen zu lernen und zu lieben.
Die Dich umgebenden Seelen, ob in Deiner Herkunftsfamilie oder Deiner Folgefamilie offenbaren Dir durch ihr Sosein Deine mitgebrachte Lernaufgabe – so wie Du ihnen zeigst, eben durch Dein Sein, woran sie sich erinnern wollen.
Eure Gefühle sind Euer größtes Vermögen. Ihr seid alle miteinander durch das unsichtbare Band der Liebe verbunden.
Es ist Deine „Not-wendige" Aufgabe, Dir und Deinen Mitmenschen Liebe und Freiheit zu schenken, denn Du begegnest Dir selbst in ihnen. Dehne Deine Liebe weiter und weiter aus, bis nichts mehr von ihr ausgeschlossen ist.

Ihr seid eine einzige große Familie. Jeder von Euch ist mit seinem Beitrag kostbar und unersetzlich. Auf der Reise durch die Evolution dreht sich zum gegenwärtigen Zeitpunkt alles um die vollständige Entfaltung des in Euch verankerten Liebespotenzials. Eine unendliche Fülle an Informationen ist in Eurem Zellgedächtnis abgespeichert und wartet darauf, durch eine neue Wahl, die Wahl der Liebe, ihren vollkommenen Ausdruck zu finden.

Alles wird Dir nach und nach offenbar. Schritt für Schritt entwickelt sich das „Große Bild".

All die Welten um Euch herum, die ebenso wie die Eure existiert, nehmen Teil an diesem Geschehen. Jeder Einzelne ist unendlich wichtig mit seinem Beitrag und unersetzlich. Jetzt gilt es, freie Bahn zu schaffen für die höchste Frequenz – die Liebe.

Gemeinsam mit der Erde werden sich mehr und mehr von Euch erheben, um all jenen beizustehen, die in eben diesem Werdeprozess stehen – Eurem gemeinsamen Geburtsprozess.

Je mehr Ihr Euch selbst kennen lernt und je furchtloser Ihr werdet, weil Ihr alles, aber auch alles an Euch zu lieben lernt, um so mehr könnt Ihr denen Mut machen, die noch glauben, in Dunkelheit und Angst zu versinken. Ihr werdet die Wahrheit erkennen und die Wahrheit wird Euch frei machen – denn wo Liebe ist, ist keine Furcht.

Spielende Träumerin

*Einst ahnte ich nicht, dass mein bloßes Hineinfühlen in Zeitlosigkeit
Räume und Zeit erschaffen,
wusste nicht, dass mein Spielen mit Licht und Schatten
Welten entstehen lässt.
Aus der Unendlichkeit schöpfend, erlebte ich Grenzen
wie schneidende Klingen im Gewand meiner Seele,
den Wind, auf dem ich segelte, als zerstörerische Kraft.
Über den Wassern schwebend, in Myriaden von Lichtspielen,
wusste ich nicht, was es heißt,
an einen Felsen gekettet der Sonne ausgesetzt zu sein.
Tropfen in Fluss und Meeren zu sein, ließ mich nicht vermuten,
welche verschlingende Macht im Wasser verborgen ist.
Meine nackten Füße, die die Erde küssen,
mein Leib, der vor Freude zittert, bringt mir Gewissheit –
spielende Träumerin, webende Meisterin zu sein,
Gebietende und ständig neu Erschaffende,
die sich ausschüttet vor Lachen über alle.
Kreationen, die nicht mehr sind als das Spiel einer Nichtwissenden –
eine, die weiß und vergisst, allein um zu sein.
Wie eine kleine Lerche steigt mein Herz in die Himmel,
mich ausbreitend in endlosem Dank
mich ausatmend
einatmend
nie endend
nie beginnend
seiend.*

Teil 3: Die eigene Lebensgeschichte lesen lernen

Im Klassenzimmer Erde

An einem sommerheißen Septembernachmittag wurde ich in Hindenburg, einer Bergarbeiterstadt, geboren. Über der Stadt lag ein grauer Dunst, der aus den Schloten quoll. Die Sonne vermochte kaum, diesen übelriechenden Schleier zu durchbrechen. Die Menschen der Stadt arbeiteten hart für wenig Geld und kämpften um ihr Überleben. Eine unausgesprochene Bedrückung lag über Menschen, Tieren und der Natur. Sie kroch in die letzten Winkel von Körper, Geist und Seele. Wen nahm es Wunder, dass niemand so recht die Freude des Lebens spüren konnte? Eher sang die Überlebensthematik ihren schweren und monotonen Singsang. Die Menschen fanden in Gebet und Messbesuch Trost in ihrem Dasein und warfen ihre Hoffnungsbilder gen Himmel. Die Erde schien ihnen kein besonders begünstigter Ort für ihr Leben zu sein. Die fatalen Wirkungen der Kriegsjahre, eingewebt in die Gedanken- und Gefühlswelten der Menschen, taten ein Übriges, das Stimmungstief zu halten.

Schon während meines Wachsens im Leib meiner Mutter hatte ich ein beständiges Gefühl von Bedrückung, Dunkelheit, Angst und Trauer. Meine Seele fürchtete sich vor dem Eintritt in diese Welt, wo offensichtlich wenig Licht das Leben der Menschen förderte. Um das Ganze auf die Spitze zu treiben, kam ich unmittelbar nach meiner schweren Geburt auf eine andere Station – fernab von meiner Mutter. Die Entbindungsstation fiel unter Quarantäne. Eine Wöchnerin hatte wohl eine für Neugeborene gefährlich werdende Erkrankung. So schrie ich mir die Seele aus dem Leib – keine wärmende, tröstende Umarmung, die dieses Trauma beendet hätte. Später als Erwachsene sagte ich oft: „Ich bin ganz sicher in einem Tintenfass auf die Welt gekommen."
In meiner Arbeit als Tiefenpsychologin habe ich des Öfteren mit Menschen zu tun, die offensichtlich auch im Tiefblau eines „Tintenfasses" ihr Erdendasein begonnen haben.
Im Laufe meiner Schulung im „Klassenzimmer Erde" habe ich die Farblehre studiert. Siehe da, auch dort beginnt alles mit der Farbe Blau. Vielleicht kann ich Sie, liebe Leserin, lieber Leser, begeistern, sich an

einem sommerlichen Spätabend diesem Blau, das sich wie dunkler Samt über Sie spannt, anzuvertrauen. Lauschen Sie doch einmal in sich hinein, welche Saiten Ihrer Seele zu klingen beginnen. Als Hintergrund für die leuchtenden Sterne spricht dieses Samtblau von Frieden, Schutz und Grenzenlosigkeit. Nicht umsonst wird die ägyptische Göttin Nut mit dieser Pracht in Verbindung gebracht. Das Nachtblau entspricht dem Zustand des Nichtwissbaren, des Unnennbaren – der großen Leere, aus der „Alles" kommt und „Alles" geht, in dem „Alles" enthalten ist.

Jeder von uns trägt eine ungeheure Schöpfungskraft in sich, aus der er das eigene Leben wirkt – webt – und das seit eh und je.

Als kleines Mädchen verlebte ich viele Monate schwerkrank in verschiedenen Kliniken. Aus einer Lungentuberkulose entwickelte sich eine Knochentuberkulose. Ständig unterlag ich traumatisierenden Trennungen und musste viele Schmerzen ertragen.

Der mich behandelnde Arzt legte meiner Mutter nahe, sich mit dem Gedanken vertraut zu machen, dass mein Leben auf dieser Erde wohl nicht von langer Dauer sein würde. Vielmehr riet er ihr, sich auf noch kommende Kinder einzustimmen. Diese Empfehlung löste in meiner Mutter Empörung aus. Sie beschloss, alles in ihrer Kraft Stehende zu tun, an meine Genesung zu glauben und diese zu unterstützen. Eltern und Großeltern suchten im ständigen Gebet um meine Genesung nach. Meine Großmutter stand ihr mit der ihr eigenen Unerschütterlichkeit und Liebe zur Seite, während Vater und Großvater ihr Bestes gaben, um für den materiellen Hintergrund zu sorgen, was nur wenige Jahre nach dem Krieg eine Herausforderung darstellte. Mein geschwächter Körper benötigte ständig gehaltvolle Nahrungsmittel und Vitamingaben als Unterstützung für den Heilungsprozess. Hierfür unter den herrschenden Umständen zu sorgen, war eine Meisterleistung.

Von frühester Kindheit an hatte ich eine Verbindung zu meiner „inneren Stimme". Heute weiß ich aus der Arbeit mit krebserkrankten Kindern, dass sich ihr spiritueller Quadrant stärker entwickelt als der körperliche und somit heilender Ausgleich geschieht, um den Weg der Krankheit gehen zu können.

Von meiner „inneren Stimme" ging Trost und Ermutigung aus. Ich spürte, dass alles, was in meinem Leben geschah, seinen Platz hatte, dass in meinem Kranksein Sinn lag, selbst, wenn sich mir dieser nicht erschloss. In dieser Zeit erlebte ich, dass die Menschen von Lichtwesen begleitet werden. Ich erfuhr die Welt ungeteilt, mehrdimensional, voller Licht und Farben. In meiner heutigen Arbeit erlebe ich immer wieder, wie natürlich es für die Kinder ist, mit ihren inneren Freunden zu sprechen und sie um Hilfe zu bitten. Mühelos sind sie in der Lage, die sie umgebenden Schwingungen aus Licht und Farbe zu sehen. Mir ist es an dieser Stelle wichtig, darauf hinzuweisen, dass dies unsere natürlichen Fähigkeiten sind, die wir allzu oft auf unserem Lebensweg verlieren. In einer Welt der Leistungsorientierung und der Technisierung werden solche Qualitäten eher dem Reich der Phantasie zugeordnet.

Das großartige Geschenk, das sich mir aus meinen Krankheitsprozessen darbot, war die bis heute andauernde klare „innere Führung" und die Erfahrung, dass ich nicht meine Krankheit bin.

Die von meinem Elternhaus und Schule vermittelte religiöse Erziehung stimmte an vielen Punkten so gar nicht mit meinen inneren Erfahrungen überein. Daraus resultierten Konflikte und Verunsicherungen, die aber für meine Seele wichtige Reifungsschritte enthielten, um den eigenen spirituellen Dimensionen Räume für fortwährendes Wachstum anzubieten.

In meinem Alltagsleben bescherte mir das Umsetzen des Gehörten vielerlei Konflikte, ob innerfamiliär, schulisch oder später in Ausbildung und Beruf. Oft wollten sich die Bitten meiner „inneren Stimme" so gar nicht in das mich umgebende Alltagskonzept einfügen. Ich wählte Freunde, die nicht in die sozialen Vorstellungen meiner Eltern passten. Sie waren mir die wertvollsten, doch unsere gemeinsame Zeit wurde stark reglementiert oder verboten.

In jedem meiner Freunde entdeckte ich das Leuchten ihrer Seele ... Es war gut, sie zu schätzen und mit ihnen zu sein. Ich machte keine Unterschiede zwischen den Menschen.

So jonglierte ich mich an den familiären Gesetzmäßigkeiten vorbei – nicht ohne schlechtes Gewissen und Irritation. Wie war das, wer hatte recht? Ich entschied mich immer wieder, meiner „inneren Stimme" und ihrer unendlichen Liebe zu vertrauen. Hier war das Übungsfeld, dem im Inneren Erfahrenen die Treue zu halten – oft tränenreiche Wegstrecken.

In der Außenwelt war und ist es nicht üblich, den inwendigen Erfahrungen von Spiritualität einen angemessenen Raum im Werde- und Wachstumsprozess eines Menschen zuzugestehen – es als eine zu ihm gehörende Wahrheit zu akzeptieren, aus der sich sein Leben entwickelt und gestaltet. Hier zählen Fakten des Wieg- und Messbaren.

Durch die Intensität des Weges, diesen inneren Weisungen durch die Jahrzehnte zu folgen, durfte ich die beglückende Erfahrung machen, die mich durchdringende Kraft und Liebe wahrzunehmen, aus deren Vollmacht mir heraus das Unmögliche möglich, das Unüberwindbare überwindbar wurde und der Zugriff durch die tödliche Bedrohung aufgrund verschiedener Krankheiten in die Erfahrung neuen Lebens mündete. Den inneren Weisungen zu folgen hatte immer Konsequenzen, die mir oft schwer, mitunter fast unerträglich in der Umsetzung erschienen. Rückblickend waren es grundsätzlich Lektionen mit ihren Auswirkungen, die alle ausnahmslos auf das in mir – wie in jedem Menschen – anwesende Potenzial verwiesen, mich stufenweise in meiner Liebe – Kraft – Freude – Vollmacht als göttliches Wesen erfahren zu dürfen, mitten in meinem Menschsein, da wo Verzweiflung – Verwicklung – Kummer – Zorn – Verluste – Krankheit meinen Weg säumten, ihn durchkreuzten und zu vernichten drohten. Immer wieder traf mich das aufdeckende Licht aus meinem Wesenskern. Aus dem Erleben, wie in den dunkelsten Abgründen meiner Seele uralte Wunden heilen durften und mein zitterndes Herz in unendlicher Liebe gehalten wurde, wuchs ein tragfähiges Fundament und Zeugnis dieser nicht enden wollenden Liebe, das mir Sicherheit in dieser Welt gab und gibt.

Die bedingungslose Liebe meiner Großeltern schuf für meine kindliche Seele einen Raum zweckfreien und freudigen Daseins, der zu einem unerschütterlichen Fundament tragender Liebe wurde.

In den ersten drei Lebensjahren durchlebte ich die zerstörerische Erfahrung des sexuellen Missbrauchs. Mein mich behandelnder Arzt, dem ich tief vertraute, durchbrach die Grenzen meiner kindlichen Seele, meines Geistes und meines Körpers. Diese Traumatisierung wirkte nachhaltig in mir und beeinflusste mein ganzes Leben. Ich habe einige Jahre mit sexuell missbrauchten Kindern gearbeitet und sie behutsam zu ihrem unzerstörbaren Kern zurückgeführt, aus dem heraus ihr Trauma heilen konnte. In meiner Kindheit ging von meiner „inneren Stimme" die Botschaft aus, dass ich unzerstörbar sei und dass alle Wunden heilbar seien. Erst viel später begriff ich meine leidvoll erlebte Kindheit und Jugend als Ausbildung verschiedener Qualitäten, wie Mut, Kraft, Unerschütterlichkeit und Mitgefühl.

Als ich sieben Jahre alt war, verließen meine Eltern unseren Wohnort, um nach Westdeutschland umzusiedeln. Für beide ging ein langersehnter Traum in Erfüllung, sich wieder in ihrer deutschsprachigen Heimat anzusiedeln. Die Großeltern mütterlicherseits waren diesen Schritt mit ihren erwachsenen Kindern schon vorher gegangen, ebenso mein Großvater väterlicherseits. Der jüngste Bruder meines Vaters blieb als Einziger zurück, die anderen Brüder waren schon seit Kriegsende in Deutschland. Mir war das Herz schwer, denn ich musste kurz vor der Frühkommunion, auf die ich mit großer Erwartung und innerer Freude hingewachsen war, das mir so liebgewordene Land, das mir Heimat war, verlassen.

In beiden Familien fanden sich Spuren der Entwurzelung und der Verlust heimatlichen Bodens, der nicht nur geographisch den Menschen seinen Platz zuweist. Zweisprachig groß geworden, fand ich äußerlich betrachtet schnell Anschluss, während sich meine Seele nach dem Boden zurücksehnte, wo sie ihre Wurzeln eingelassen hatte und wo auch mein spiritueller Nährboden gewachsen war.

Die im Täglichen gelebte Gottesnähe so vieler Menschen als etwas ganz Selbstverständliches und Natürliches, das im Miteinander-Teilen, Füreinander-Dasein, im gemeinsamen Gebet und Gesang ihren Ausdruck fand, hat mich durch ihre essentielle Einfachheit geprägt. Ein Thema unseres Clans, dem Leben neu vertrauen zu lernen, den ureigenen Platz zu finden und einzunehmen, um ihn mit neuem Leben zu erfüllen, zeigte sich mir als deutliche Aufgabe. Bei meinen Eltern wie auch bei mir fanden sich überdurchschnittlich viele Umzüge, die diesen Werdeprozess ins Bild setzten. Mein Vater, der in Zabrze (Hindenburg) die leitende Stelle eines kaufmännischen Direktors in einem Bergwerk innehatte, musste nun einfachste Arbeiten im ortsansässigen Stahlwerk verrichten, um dann später einen seiner Träume, Lehrer zu werden, umzusetzen. Er ergänzte diese Ausbildung noch um das Studium der Heilpädagogik und Sprachheilerziehung und fand seinen Platz bei Kindern und Jugendlichen mit mehrfachen Behinderungen. Mit ihnen konnte er die Qualität seiner Liebe zutiefst teilen. Meine Mutter arbeitete in einem Kaufhaus am Packtisch, um in der schwierigen Zeit des Neubeginns die materielle Sorge mitzutragen. In meinem späteren Leben konnte ich diese Ressourcen der Eltern, mit Kraft und Ausdauer einen Neubeginn zu wagen und einen verlorenen Traum ins Leben zu bringen, in dankenswerter Weise wiederfinden.

Die Schulzeit war von Erfahrungen geprägt, dass nur überdurchschnittliche Leistungen zählten. Meine kindliche Seele war irritiert, fehlte es doch an Förderung meiner schöpferischen Qualitäten. Es dauerte nicht lange, bis ich Liebe und Leistung miteinander verknüpfte. Ein inneres Gefühl des Nichtgenügens nistete sich in mir ein. Im Alter von zwölf Jahren begann sich eine Wachstumsstörung in meinem rechten Bein bemerkbar zu machen. Was erst einen Zentimeter ausmachte, wurde bis zum siebzehnten Lebensjahr ein Längenunterschied von zwölf Zentimetern. Gerade die Zeit der Vorpubertät und Pubertät verlief für mich mit Rückzug und Schamgefühlen. Die fehlende Beinlänge wurde durch orthopädisches Schuhwerk ausgeglichen. Ich erlebte mich als Außenseiterin und fühlte mich zu den altersentsprechenden Cliquen nicht dazugehörig. Tanzschule und Partys wagte ich nicht zu besuchen. Ich hatte mir die Rolle des „hässlichen Entleins" zugelegt.

In dieser Zeit verliebte sich ein Zehntklässler in mich. Für mich völlig unvorstellbar, denn ich hatte ein gänzlich negatives Selbstbild von mir. Mit Abschluss meiner Realschulreife fasste ich den Entschluss, mich einer Operation zu unterziehen. Diese sollte den Längenunterschied zwischen dem rechten und linken Bein ausgleichen.

Die für damalige Zeiten gewagte OP wurde in der Uniklinik Hamburgs vorgenommen. Ich war optimistisch, nach etwa drei Monaten, so die Prognose der Ärzte, zwei gleich lange Beine zu haben. Wie sehnte ich mich danach, normales Schuhwerk zu tragen, tanzen zu lernen, Rad zu fahren und wie alle anderen auszusehen. Aber daraus wurde nichts. Aus drei Monaten wurden drei Jahre. Meine Wunde hatte sich infiziert, und eine schnell um sich greifende Knochenmarksentzündung breitete sich im rechten Bein aus. Ich war ans Bett gefesselt. Beide Beine waren eingegipst, zusätzlich gestreckt und auch das Becken war völlig in Gips. Zunächst fiel ich in tiefe Resignation. Jeder Tag erschien mir endlos. Schmerzen nie gekannten Ausmaßes peinigten mich, und ich litt an Heimweh.

In dieser Zeit, mit ca. achtzehn Jahren, hörte ich der feinen Stimme im Inneren zu, die mich aufmunterte und mir Mut machte. Damals wusste ich noch nicht, dass ich mit meinem inneren Beobachter kommunizierte, den ich als Quelle wertfreier Betrachtung schätzen lernte.

„Du kannst dich zwar nicht bewegen, aber deine Hände sind frei und dein Kopf. Fang an und schreibe Gedichte. Schick sie an eine Schülerzeitung und mach auf diese Weise Kontakte. Hole die Welt in dein Leben, wenn du gerade nicht in die Welt gehen kannst. Du wirst viel Freude erfahren."

Ich probierte es aus und es gelang auf Anhieb. Fast vergaß ich meine Bewegungsunfähigkeit und lenkte meine Kreativität ins Schriftstellerische. So entdeckte ich ganz nebenbei die Fähigkeit und Freude am Schreiben. Gleichzeitig schloss ich fruchtbare Kontakte zu anderen jungen Menschen. Ich nahm die Gelegenheit wahr, meine Lebensenergie in eine neue Richtung zu lenken. Hier sammelte ich wichtige Erfahrungen, die meinen Nachkommen dienlich sein konnten. Der Zehntklässler begann mich regelmäßig zu besuchen, und zwischen uns entspann sich ein Faden von zarter Liebe. Die Kontinuität seiner fürsorglichen und ermutigenden Liebe unterstützte meinen Heilungsprozess auf großartige Weise.

Nach zwei Jahren Krankenhausaufenthalt glitt ich in eine mehrwöchige tiefe Depression, in der ich mein „Ans-Bett-gefesselt-Sein" als unerträglich und unzumutbar empfand. An einem dieser düsteren Tage wurde mir klar, wie sehr die Lebensgeschichte meiner Herkunftsfamilie mit meiner Erkrankung verknüpft war.

Die Großeltern mütterlicherseits hatten im Krieg Hab und Gut verloren und ihre Heimat verlassen. Das Vertrauen in diese Erde und ihre Menschen war empfindlich gestört. Die Großeltern väterlicherseits mussten sich von ihren Geschäften trennen und erleben, wie diese unter polnische Verwaltung fielen. Bis zum Ausbruch des Krieges war jeder von ihnen seinen Träumen gefolgt und hatte sie ins Leben gebracht. Hier also war die Energie für die Verwirklichung der Lebensträume ungebrochen. Der Krieg mit seiner Not und Drangsal, Tod und Grauen fügte zerstörerische Informationen hinzu. Diese lassen sich als deutliche Prägung und Informationsweitergabe bei Eltern und Großeltern wiederfinden. Die erlebte Bedrohung und Vernichtung von Leben, Angst, Hass und Gewalt zeigten deutliche Spuren in meiner Skelettstruktur mit ihren innewohnenden lebensvernichtenden Informationen.

Nach der Trauer, die meine Seele trug, kam der Zorn – ein Aufbegehren gegen mein Leben in seinem jetzigen Zustand. In dem Augenblick, wo sich Sinnhaftigkeit einstellte, verwandelte sich mein Zorn in zielgerichteten Willen. Als Erstes fand ich ein „Ja" für die Situation, in der ich mich befand, um dann, gegen alle Widrigkeiten, das Leben noch einmal auszurufen.

Die Liebe meiner Mutter, die mich mit meiner damals zweijährigen Schwester Christiane einmal die Woche im entfernten Hamburg besuchte, war von elementarer Bedeutung und ließ den Boden wachsen, in den sich mein junger Lebensbaum weiter einwurzeln konnte. Vaters Mittragen geschah im Hintergrund, ohne viele Worte.

Beiden Eltern bin ich aus tiefstem Herzen dankbar, mir in den Stürmen meines Lebens in einer für sie so selbstverständlichen Weise die Qualität ihrer verlässlichen Liebe nahegebracht zu haben. Auch hier legten sie den Grund für Qualitäten in meiner jungen Seele, die mich zu einem späteren Zeitpunkt befähigten, mich ganz und gar für das bedrohte Leben meiner Söhne an ihrem Lebensanfang einzusetzen.

Von den Ärzten hatte ich keine positiven Prognosen bekommen. Mein Allgemeinzustand hatte sich dermaßen verschlechtert, dass ein Operationstermin für die Amputation des rechten Beines festgelegt wurde. Ich schrie zu Gott und flehte um Hilfe. Für einen positiven Ausgang schien keine Möglichkeit mehr bereitzustehen.

In dieser Nacht träumte ich von Jesus von Nazareth. Er fragte mich: *„Was willst du, was dir geschieht?"* Ich wollte in jedem Fall mein rechtes Bein behalten. *„Du wirst dein Bein behalten und ganz gesund werden. So wie du glaubst, so wird dir geschehen."*

Am nächsten Morgen wurde der Operationstermin abgesagt, weil der mich behandelnde Professor in dieser Nacht an Herzversagen verstorben war. Der Stationsarzt eröffnete mir seinen Vorschlag, den zerstörten Knochen des rechten Oberschenkels herauszuschälen und darauf zu vertrauen, dass sich ein ganz neuer Knochen bilden würde. Ein anderer Arzt war ganz anderer Meinung: Selbst wenn diese Krankheit heilen würde, könne sie bei einem schlechten Allgemeinzustand jederzeit wieder ausbrechen und sich durch mein Knochenskelett arbeiten. Ich war unter keinen Umständen bereit, diese Vorstellung zu akzeptieren, und stimmte der Operation zu. Dem Stationsarzt gelang das Meisterstück.

In meinem Herzen herrschte übergroße Freude und Dankbarkeit. Aus der tiefen Verbundenheit mit meinem Wesenskern wurde es mir möglich, mir vorzustellen, dass mich diese Krankheit verließe, ohne je zurückzukehren. Im letzten Jahr meines Krankenhausaufenthaltes entwickelte ich heilende Bilder, wie sich ein neuer rechter Oberschenkelknochen bildete. Aus dem Gips geschält, hielt er meinem Körpergewicht stand. Vor mir lagen Monate des Trainings, Muskulatur und Beweglichkeit auszubilden, keine leichte Aufgabe. In mir strebte das inwendige Leben nach vollständigem Ausdruck. Als Fundament galten mir: zielgerichteter Wille, klare Vorstellungskraft. Den Schmerz atmete ich immer wieder aus und ließ mich nicht von ihm dominieren.

Die wichtigste Lektion war mitzuerleben, wie meine Zellen bereit waren, Krankheit in Gesundheit zu verwandeln und die angebotenen

Bilder komplett umzusetzen. So konnte ich in dieser langen Liegezeit mein Bewusstsein in Disziplin, klaren Zielvorstellungen und in der Akzeptanz meines jeweiligen Lebensumstandes schulen. Diese Krankheit war später nicht mehr nachzuweisen. Das Knochenskelett war „clean". Jahre danach konnte ich meiner jüngsten Schwester, die an Leukämie erkrankt war, dieses Knochenmark spenden. Sie erfreut sich bester Gesundheit.

Alle Erfahrungen sind gleichermaßen die Wirklichkeiten, die vor dem Hintergrund dessen entstehen, wie ich in dieser Lebensphase das Leben verstehe.

Nichts jedoch ist feststehend und ich könnte sagen: Das ist so.

Für den Moment ist es das, was ich darunter verstehe; im nächsten Augenblick wird es anders sein – ganz so, wie ich dann meine Wirklichkeit erschaffe.

Das kleine Korn

In karge Erde gesät,
vom Wind fast verweht.
Eine warme Sonne
wärmt das kleine Korn.
Es beginnt sich zu erinnern,
an helle, lichte Tage.
Volle Frucht, frisches Grün,
da platzt es auf.
Es wagt zu wurzeln,
sich in den Halm zu atmen,
in Höhe und Licht.
Eine Ähre nimmt Gestalt an.
Der Wind wiegt es,
zart und rau,
Regen gleitet und prasselt auf es herab.
Schwere Körner liegen satt in reifen Hüllen.
Geschnitten – gedroschen – vermahlen.
Brot – das Hunger stillt.

Wie die Teile eines Puzzles

Damals ahnte ich nicht, dass meine Lebensgeschichte eine komplexe Ausbildung darstellte. Erst nach und nach begriff ich, dass mit jeder Lektion auch ganz bestimmte Informationen zu mir kamen – learning by doing. Diese Informationen waren wie Teile eines Puzzles. Sobald ich eine Botschaft verstanden hatte und bereit war, diese umzusetzen, fand ich das nächste fehlende Teil. Bildhafte Vorstellungen zum Heilungsgeschehen zu entwickeln war ein wichtiger Aspekt, der Auswirkungen bis in die Zellebene zeigte. Was ich damals noch nicht wusste, war, dass diese Krankheit in sich Informationen enthielt, die es zu entschlüsseln galt. Ebenso wenig ahnte ich, dass es über Generationen angesammelte Informationen waren, die darauf warteten, verwandelt zu werden, um den Zellen wieder lebensbejahende Botschaften zu vermitteln.

Mir scheint in dem Anliegen der Indianer, im Leben der Alten schon vorausschauend für die Kinder zu sorgen, nicht nur die Rücksicht auf Mutter Erde gemeint zu sein, sondern ebenso der verwandelnde Umgang mit sich selbst, aus schwierigen Ressourcen guten Boden werden zu lassen, der reiche Ernte bringt.

Ich bin dem Leben – der Liebe – meinem Selbst – unendlich dankbar für die Hartnäckigkeit, bestimmte Lektionen so lange zu wiederholen, bis wirklich klar wird, worum es geht. Ich hätte sonst nicht nach den Schlüsseln gesucht, um die nicht geklärten Informationen ausfindig zu machen und sie systematisch durchzuarbeiten. Es zeigte sich mir, dass jeder von uns lebendige Information ist, die sich ständig um Verwirklichung bemüht.

In Wahrheit sind wir alle Eins. Wenn es außer Gott nichts gibt und wir aus dem Numinosen sind, leben wir seit jeher in und aus dieser Einheit und verkörpern sie auch. Hier gilt es, einen kosmologischen Standpunkt einzunehmen, der vermittelt, dass jeder mit allem, was ist, verbunden ist. Die von uns erschaffenen Wirklichkeiten gestatten uns nicht, dauerhaft diese Wahrheit zu erfahren. Wie Spinnweben stehen unsere negativen Erfahrungen mit- und untereinander vor der ganzen Fülle unseres Seins. Die alten Informationen kennen zu lernen und sie für immer aus der eigenen Lebensmatrix zu entlassen, lässt unsere eigentliche Dimension – wahrhaft Mensch und wahrhaft Gott zu sein – hervortreten.

Die Welt noch einmal laufend Schritt für Schritt zu erfahren, war ein Abenteuer, das mich in Achtsamkeit und Dankbarkeit schulte. Der Zehntklässler, einer der wichtigsten Menschen dieser Zeit, wurde später mein Ehemann. Er war die Seele, die mich unermüdlich bei allen Genesungsschritten unterstützte, mich beim Laufenlernen begleitete und mir immer wieder ins Gedächtnis rief, dass wahre Schönheit unverletzlich sei. Dieses Wesen war mir Brücke, in die Welt der Menschenfrau hineingeboren zu werden. Mein Herz entbietet ihm tiefen Dank und Liebe.

Meinem Berufswunsch Sozialpädagogin zu werden, konnte ich jedoch nicht folgen. Ein Praktikum, das ich in einem Kindergarten ableistete, musste ich abbrechen. Meine körperliche Verfassung ließ diese Belastung noch nicht zu. Es verletzte mich tief, eine kaufmännische Ausbildung einschlagen zu müssen, die meinen damaligen körperlichen Einschränkungen durch eine sitzende Tätigkeit Rechnung trug. Ich entschied mich für eine Banklehre. In meiner Familie war das kaufmännische Element stark vertreten. Mein Mann war ebenfalls Kaufmann. Diese Entscheidung wurde überwiegend von Vernunftgründen geprägt. Das Gefühl, etwas zu tun, was ich eigentlich nicht wollte, nagte in mir. Gewohnt, mich der väterlichen Autorität zu beugen, opferte ich das Aufbegehren meiner Seele meinem erlernten Rollenverhalten. Wie meine Mutter verhielt ich mich als gehorsame Tochter, die den Weisungen ihres Vaters folgte. Die Lehrzeit enthielt für mich die Spiegel meiner Kindheitsmuster. Tief in meinem Innern suchte das Leben unter der Schicht von Groll und Unzufriedenheit nach Rissen im Asphalt. um das auszudrücken, was im eigenen Innern gerade passiert.

Wie viele Hindernisse waren von mir aus dem Weg zu räumen oder besser gesagt, als Chancen zu verstehen, um dem Leben einen freien Fluss zu gestatten? Diesem unbändigen, blanken Sein galt meine Aufmerksamkeit, das in mir wie eine Quelle murmelte, wenn auch oft unter Geröll und Stein begraben.

Fragen tauchten auf, wie: Habe ich soviel Geröll in meinen Lebensfluss gekippt? Und wenn ja – wodurch? Oder waren es die gesammelten Werke meiner Vorfahren, die zu einem großen Teil in ihrer Verbitterung steckengeblieben waren?

Kleine Quelle

Am Gipfel entsprungen,
kristallklares Wasser,
hüpfend über Stock und Stein,
freudig und jauchzend dem Tal entgegen,
vorbei an Dörfern und Städten,
gewachsen vom Bach zum Fluss, dem Meer zustrebend.
Deine Wasser, müde und schwer,
schleppend nur geht es voran.
Zuviel Unrat und Gift in deine Fluten geschüttet,
als dass du noch wüsstest, woher du kamst.
Einst spielten Kinder an deinen Ufern,
die sangen des Lebens Lied.
Es wird viel Regen brauchen,
Sonne und Wind, Zeiten der Wandlung, bis es gelingt,
dein Rauschen und Staunen zu hören über dein Wasser,
das klar wieder singt.

Spuren lesen

„Nichts wirkt seelisch stärker auf die menschliche Umgebung, besonders auf die Kinder, als das ungelebte Leben der Eltern." (C.G. Jung)

Mir fiel auf, dass mein erstgeborenes Kind – ein Junge – nach dramatischer Geburt für längere Zeit in der Klinik bleiben musste, von seiner Mutter getrennt. Hier war eine Wiederholung – auch ich hatte so begonnen. Mein Erstgeborener hatte durch seine Geburtsschäden an einer Spastik zu leiden, seine Motorik war deutlich eingeschränkt. Wie bei mir waren die ersten Schritte ins Leben behindert. Ich widmete ihm meine ganze Aufmerksamkeit und unterbrach meine Banklehre. Nach ca. zwei Jahren konnte er sich frei bewegen und sicheren Schrittes seine Welt erobern. Auch hier war ich vor eine ähnliche Aufgabe gestellt wie in meinem dreijährigen Klinikaufenthalt. Nach seiner Geburt litt er an Krampfanfällen, die gehäuft auftraten. Unter der Geburt war es zu Sauerstoffmangel gekommen. Der Kinderarzt versuchte mir vorsichtig beizubringen, dass diese Anfälle neben der bereits vorliegenden Spastik in seinen Beinen bleibende Schäden hinterlassen würden.

In dieser Drangsal spürte ich unter allen Tränen: Sein Leben ist so, wie es ist, ein großes Geschenk. Wie meine Mutter, die ihre ganze Liebe, Kraft und Ausdauer für ihr Erstgeborenes einsetzte und es nicht unter die ärztliche Prognose „hoffnungsloser Fall" geraten ließ, war ich bereit, alles einzusetzen, um eine positive Vision für meinen Sohn zu entwickeln.

Ich bat Gott um das scheinbar Unmögliche und vertraute dem Weg, den meine „innere Führung" mir zeigte:

„Stell dir vor, wie im Gehirn deines Sohnes gesunde Zellen die Arbeit der geschädigten Zellen übernehmen."

Diese hatten dafür Sorge zu tragen, die Muskulatur einwandfrei zu steuern. Der Kinderarzt hielt meinen Glauben an Heilung eher für meine Psyche hilfreich. Ich ließ mich durch nichts abbringen. Immer wieder stellte ich mir einen reibungslosen Bewegungsablauf für mein Kind vor und hielt dieses Bild ständig in meiner Vorstellung. Als Zweijähriger besuchte er seinen Kinderarzt gesund und munter und mit hundertprozentiger Bewegungsfreiheit. Dieser kommentierte seine Erfahrung mit den Worten: „Es gibt Dinge zwischen Himmel und Erde, die sind einfach nicht erklärbar."

In dieser Zeit begannen immer mehr Fragen in mir heraufzudämmern, vor deren Antworten ich möglicherweise schon stand. Konnte es sein, dass sich innerhalb eines Familiensystems Botschaften, die sich in Krankheiten Ausdruck verschaffen, wiederholen, und zwar so lange, bis sie durch den betreffenden Menschen verstanden und dann verwandelt werden? Wo waren die Informationen, mutterseelenallein sein Leben auf diesem Planeten zu beginnen? Wo war der Schlüssel für meine Erkrankungen von Lunge und Skelettsystem? Ich machte mich auf die Suche.

Bei näherem Nachfragen stellte sich heraus, dass der Vater meiner Mutter, die kurz vor ihrem Dolmetscherexamen gestanden hatte, mit der gesamten Familie nach Polen übergesiedelt war. Dies geschah gegen den Willen meiner Mutter. Wie sie erlebte auch ich später Entwurzelung aus heimatlichem Boden, da meine Eltern mein Geburtsland verließen.

Mein Vater hatte in seiner Jugend viele Visionen. Eine davon war, ein klösterliches Leben zu führen, sich ganz Gott zu verschreiben, Mystiker zu werden. Was er tat: Er gründete eine Familie. So hatte er einen seiner Träume verloren und traf meine Mutter, deren Lebenstraum von ihrem Vater jäh unterbrochen worden war.

Von diesen unerfüllten Träumen und Wünschen fand ich Spuren in meinen ersten Lebensschritten, die in meinen Knochenerkrankungen Ausdruck fanden.

Eine Mutter, die in ihren ausholenden Schritten ins eigene Leben jäh unterbrochen wurde, hat eine kleine Tochter, deren erste Schritte nicht gelingen wollten, diese wiederum einen Sohn, der mit einer Spastik in den Beinen sein Leben beginnt. Meine jüngste Schwester bildete in ihrem Knochenmark keine reifen Blutzellen aus, so dass auch ihre Schritte ins Leben nicht nur unterbrochen, sondern vom Tod bedroht wurden.

Ich wandte mich an meine „innere Führung" und bat um Verstehen. Sie unterrichtete mich darüber, dass sämtliche Informationen von

Generation zu Generation weitergegeben werden. Das Universum ist so etwas wie eine riesige Datenbank. Es liegt an uns, die Daten einzulesen – zu entschlüsseln und neue „Programme" zu schreiben, die geradewegs ins Leben führen.

Das Bild ist in der Tat etwas technisch, triff aber den Nagel auf den Kopf. Unser Unterbewusstsein nimmt in gewohnter Art und Weise die neuen Informationen auf, der Körper setzt sie in Bewegung, und schon beginnt eine völlig neue „Programmierung" zu wirken.

Wie Sie sehen, habe ich mir immer den besten Zustand von den jeweils zu verändernden Informationen ausgesucht. Ich habe die alten Informationen eingelesen und einfach begonnen, sie umzukehren. Sehr viel später habe ich in einer kinesiologischen Ausbildung dieses Prinzip genauso wiedergefunden.

Zu Zeiten des archaischen Bewusstseins ...

... von uns Menschen entwickelten die Menschen Rituale. Sie glaubten, das Unheil käme von außen durch das Wetter, durch andere Personen oder Stämme. Sie hatten keinerlei Vorstellungen darüber, dass sie selbst Mitinitiator solcher Umstände sein könnten.

So gab es und gibt es auch teilweise heute noch Versöhnungsfeste. Anstelle ehemaliger Sühneopfer, die als Balanceakt zum sicht- und fühlbar gewordenen Unheil einer Gemeinschaft oder eines Stammes gebracht worden sind, ist heute das Klären und Balancieren des Familienfeldes, dem sogenannten psychogenetischen Erbe, eine großartige Möglichkeit, neue Entscheidungen zu treffen, die davon ausgehen, dass wir zur Freude berufen sind, um ein erfülltes Leben zu führen. Da es nichts Unvollkommenes in der Schöpfung gibt, wird uns einfach nur die nicht bewusste Information ins Bild gesetzt. Das scheinbar Unvollkommene, Kranke oder Gestörte ist lediglich das nicht Bewusste, das Form und Ausdruck annimmt. Somit drückt es auf eindrucksvolle Weise das Unbewusste aus.

Der große Gesang

*Auf in die Lüfte
nirgends verwoben
du wohnst dort oben
als freier Gesang*

*Wesen, die stürzend in Tiefen
in schmerzende Welten sich riefen
aus heilendem Schwingen
kosmisches Singen
erwachende Gottheit in Dir*

*Lösen und Binden
die Wunden verwinden
Heilung des Kleinen
Nähren des Feinen
Reifen in Stufen
zum Höchsten bereit*

*Dienst auf der Erde
auf dass sie werde
paradiesischer Klang
sich leuchtend erheben
um ewig zu leben
im GROSSEN GESANG*

Wähle das Leben

In der Wahl meiner Familie und Lebenspartner, meiner Freunde und Berufe sowie der von mir kreierten Lebensumstände war deutlich das anstehende Thema meines Lebens abzulesen: „Wähle das Leben." Vormals gemachte Erfahrungen, wo mein Leben durch Krankheit und Qual seinen Lauf genommen hatte und ich die Rolle der Märtyrerin eingenommen hatte, waren von mir umzukehren. Diesen Schatten galt es ans Licht zu heben und zu integrieren.

Mir ist ein Leben in Freude und Fülle zugesagt, begann ich zu verstehen. Der in mir wohnenden Spiritualität freien Fluss zu gewähren und sie als Frau glaubhaft in dieser Welt zu verkörpern, das war meine Aufgabe.

Der Teil meines Bewusstseins, wo der Glaube an Ängste, Begrenzungen, Vernichtung, Schuld und Selbsthass wohnte, ließ mich zunächst genau in dieser Frequenz mein Leben beginnen, wo sich die eindrucksvollen Muster und Glaubenssätze meiner Eltern und ihrer Erfahrungen wiederfanden.

Ich entschied mich bewusst dafür, eine neue Absicht zu fassen:

Ich war angetreten, tiefes Leid in Freude zu wandeln, um der Illusion von Zerstörung, ob Selbstzerstörung oder zerstört zu werden, nicht mehr zum Opfer zu fallen und stattdessen meinen Platz in dieser Welt einzunehmen, um meinem Geburtsrecht – Liebe – zum Ausdruck zu verhelfen und es mit den Menschen teilen zu dürfen.

Machtvolle Strukturen von Opfer-Täter-Bewusstsein und Schuld waren ebenso mein Thema und „selbstverständlich" in meinem Clan zu Hause.

Als mir dieses bewusst wurde, schenkte mir meine „innere Führung" einen Satz: *„Aurum verum visibile signum libertatis"* – Das wahrhafte Gold ist das sichtbare Zeichen von Freiheit.

Ich muss hinzufügen, dass ich die lateinische Sprache nicht erlernt habe und es eindrucksvoll empfand, einen Hinweis in solcher Form zu bekommen, was sich später noch einige Male wiederholte; immer dann, wenn ich in eine neue Entwicklungsphase eintrat und eine andere hinter mir ließ. Jetzt also hieß es, dem alchimistischen Prozess meiner Seele noch bewusster zuzustimmen, wenn aus „Blei" „Gold" werden sollte.

Die eingravierten und verdichteten Informationen meiner mütterlichen und väterlichen Linie als auch die beider Großelternpaare zeigten sich in meinen Erfahrungen zu Beginn meines Lebens: in der tödlichen Bedrohung durch Krankheit, später im sexuellen Missbrauch durch den mich behandelnden Arzt, ferner im Wunsch sterben zu wollen und daran, immer wieder zu erkranken. Hier schwangen die Muster von Selbstaufgabe, Verzweiflung, Tod, aber auch die von nicht gelebtem Zorn und Angst machtvoll in meinem kindlichen Geist. Da der Geist Bewegung ist, setzte mein Körper diese Frequenz folgerichtig um.

Unter all dem destruktiven Erlebten gab es eine riesengroße Sehnsucht nach Leben ohne Behinderung und Krankheit in mir. Dieser Sehnsucht folgte ich. Sie war Motor und Treibstoff zugleich, die alten Familiengeheimnisse ans Licht zu heben und sie endgültig hinter mir zu lassen.

Im Hier und Jetzt fand ich die ganze Information vor, das eigene Leben zu erneuern und alte Verknüpfungen durch die Generationen zu lösen. Es ist immer wieder eindrucksvoll, dass in jedem kleinsten Teil sämtliche Informationen enthalten sind, im Individuum wie in der Gemeinschaft der Familie bis zum gesamten Kollektiv.

Inmitten der Nacht leuchtet die Sonne

*Auf der Reise ins Hier und Jetzt
kannst Du wählen,
Regenbogen oder dunkle Wolkenwand zu sein.
Ohne die Dunkelheit können wir das strahlende Licht
der Farben nicht sehen.*

*Dank denen,
die uns den Hintergrund schenken,
unsere persönlichen Farben
in leuchtender Schönheit zum Ausdruck zu bringen.*

*Dunkelheit, Schwester des Lichts,
lehre uns dein Geheimnis,
umarme uns,
dass wir uns in deinen Tiefen wieder finden,
dem Großen, das wir sind,
Tür und Tor zu öffnen.*

Die Information der großmütterlichen Linie mütterlicher- und väterlicherseits sind bis in die vierte Generation in ihren Grundaussagen, von wenigen Abweichungen abgesehen, mit den Erfahrungen meiner Mutter übereinstimmend.

Die großväterliche Linie mütterlicher- und väterlicherseits bis in die vierte Generation gleicht den väterlichen Erfahrungen: Patriarchale Erziehung, körperliche Züchtigung im Elternhaus und in der Schule verwundeten die Söhne der Väter, die diese Strukturen weitergaben.

Das Leugnen-Müssen von seelischer Verletzlichkeit oder tiefer Gefühle wie Liebe, Angst und Schmerz galt als Erziehungsideal, das männliche Stärke und Autorität hervorbringen sollte: „Ein Junge weint nicht und kennt keinen Schmerz." Aus tief erlebter, kindlicher Ohnmacht durch erzwungenen Gehorsam wurde dominierende Macht innerhalb der Familien, die sich gegen Frau und Kinder richtete.

Gleichzeitig entwickelte sich Anpassung und Unterordnung den staatlich herrschenden Strukturen gegenüber. Ordnung und Sitte galten als gesellschaftliches Fundament. Kindern wurde keinerlei Recht auf eine persönliche und geschützte Entwicklung zugebilligt. Früh wurden sie zu harter Arbeit herangezogen.

Die gesammelten Eindrücke und Erfahrungen beider Großelternpaare, die den Ersten Weltkrieg als Kinder erlebten, fließen in die Gesamtinformation des Clans mit ein. Die Wirkungen des Nationalsozialismus in seiner Menschenverachtung und Zerstörung sind ebenso Bestandteil der kollektiven Informationen, die im Clan wiederzufinden sind.

Wie die Familienstrukturen zeigen, tragen die Kinder die nicht bereinigten und unbalancierten Bewusstseinsinhalte der Eltern, Großeltern und Urgroßeltern in sich und setzen sie ins Bild.

Durch jahrelange Beobachtung der seelisch-geistigen Strukturen und Erkrankungen in meiner Familie gelangte ich zu der Überzeugung, dass selbst familiäre Gesamtstrukturen in Wiederholung gehen, was meint, dass nicht bewältigte Themen sich mit ihren Ausprägungen und Besonderheiten neu in Szene setzen.

Mir scheint der Vergleich mit der Wiederholung einer Klasse angebracht. Wertfrei betrachtet geht es nur darum, den anliegenden Lehrstoff wirklich zu verstehen und vor allen Dingen anwenden zu können, um eine neue und bessere Wahl treffen zu können. Das Leben besteht auf seiner Schönheit und Strahlkraft, auf seine Dynamik grenzenloser Freude am Erblühen der innewohnenden Wahrheit in uns Menschen.

Ich wende meinen Blick nun auf einen Teil meines Clans und betrachte in zweiter Linie die Lebensstrukturen meiner Schwester, die zehn Jahre nach mir geboren wurde. Eine schematische Schilderung der Familienstrukturen macht Wiederholungen deutlich, die von uns Schwestern ins „Bild" gesetzt worden sind.

Herkunftsfamilie

Großelterliche Strukturen väterlicherseits:

Großvater Florian:	*Großmutter Franziska:*
Kaufmann,	Kauffrau,
Goldschmied,	Mutter von fünf Söhnen,
Optiker	einer davon starb als Säugling an Lungenentzündung

Der Großvater war in seinen Verhaltensweisen gegen seine Kinder gewalttätig. Die Mutter war nicht in der Lage, diesem Verhalten abwehrend entgegenzutreten. Die vier verbliebenen Söhne, einer davon unser leiblicher Vater, starben früh, entweder am Herztod oder am Krebs. Ihre Lebenskraft war schon in zartem Alter grundverletzt.

Großelterliche Strukturen mütterlicherseits:

Großvater Karl	*Großmutter Gertrud*
Selbständiger Kaufmann	Lehrerin,
im Sackhandel	Mutter von vier Kindern

Mein Großvater verlor durch den Krieg seine gesamte Existenz und fiel in tiefe Resignation, die sich auch körperlich bemerkbar machte. Meine Großmutter, eine lebensbejahende starke Frau, nahm das Familienruder in die Hand. Als Lehrerin sorgte sie für Kinder und Mann.

Meine Schwester baute in ihrer Folgefamilie an markanten Stellen die großelterlichen Strukturen väterlicherseits nach, während ich den großelterlichen Strukturen mütterlicherseits folgte und diese im Wesentlichen ins Bild setzte.

In meiner Ehe konnte ich nun im Spiegel dieser Beziehung lernen, die „Familiengeheimnisse" nach und nach zu lüften, indem ich begann, meine Erfahrungen vor diesem Hintergrund zu hinterfragen.

Die inneren Eltern versöhnen

Der Schatten unserer Eltern führt ein machtvolles Eigenleben in jedem von uns. Wir treffen uns in Lebenssituationen wieder, die keinerlei äußere Hinweise enthalten, dass wir im „Land der Mütter und Väter" unterwegs sind. Es kann die Illusion entstehen, dass wir ein persönliches Problem zu lösen hätten, und wir vermuten, es ginge hierbei um unsere eigene seelische Verfassung. Dahinter aber kann sich ein unerlöster Schatten unserer Vorfahren verbergen.

Vielleicht kämpfen wir um unsere Existenz und wundern uns, dass unser bester Wille nicht verhindern kann, dass etwas von uns Aufgebautes an irgendeiner Ecke wieder abbröckelt oder dass wir uns in machtvollen Verstrickungen mit unseren Vorgesetzten wiederfinden. Unsere Liebesbeziehungen sprechen still die Sprache, wie Mutter und Vater einander ihre Liebe zeigten oder sie voreinander verbargen, welche Kämpfe sie austrugen oder in sich begruben.
Wenn Mutter oder Vater im Stillen von einer großen, unerfüllten Liebe träumten oder diese im Außen verborgen lebten, dann werden wir sie wahrscheinlich ins Bild setzen.

Wenn uns die Sehnsucht nach einer unerfüllten Liebesbeziehung verzehrt, könnten wir immer noch vermuten, dass es sich hierbei nur um unsere ureigensten Inszenierungen handelt – aber das muss nicht so sein.
Wiederholen sich solche „Familiengeheimnisse", so führen deren potente Wirkungen Regie in unserem Leben.
Wir sind keine Opfer, es gibt keine Täter.
Was uns befreit, ist Bewusst-Sein über die Hologramme und deren vermeintlichen Anspruch, die Realität zu verkörpern.

Die inneren Eltern in ihren Schattenaspekten kennen und lieben zu lernen, um sich mit ihnen auszusöhnen – das schiebt uns guten Boden unter die Füße.
So wie Erdbeeren besonders prachtvoll wachsen, wenn sie mit Mist gedüngt werden, so verhält es sich auch mit unseren Lebensfrüchten.
Wie großartig, wenn wir entdecken, dass hinter all den Geheimnissen das ungelebte Leben unserer Eltern nun in uns ins Fließen gebracht werden kann und in unseren Adern die Fülle des Lebens zu strömen beginnt. Wie heilend, wenn sich Vater und Mutter in mir versöhnen können und ich mit liebenden Eltern in mir meinen Weg fortsetze. Das wird Auswirkungen auch in ihrem Leben oder im Leben der eigenen Kinder zeigen.
In den Augen meiner Eltern werde ich ihre leuchtenden Seelen und ihre ganze Schönheit und Liebe wieder finden.

Sehen lernen – im Spiegel der Beziehungen

Aus der Ehe mit dem damaligen Zehntklässler ging noch ein weiterer Sohn hervor. Es war eine sogenannte Risikoschwangerschaft, die medikamentös gehalten wurde. Trotzdem kam er einen Monat vor seinem Geburtstermin zur Welt mit einer Portion Neugierde, die er bis zum heutigen Tag dankenswerterweise beibehalten hat. Wie schon beim ersten Kind war ich vom Neugeborenen getrennt – auch hier zeigte sich eine deutliche Wiederholung der Erfahrung, die ich als Neugeborenes gemacht hatte, nämlich mutterseelenallein den Weg auf diesem Planeten zu beginnen. Mein Zweitgeborener brauchte viel Unterstützung von Seiten der Ärzte und meine Aufmerksamkeit in der Pflege während seiner ersten Lebenswochen. Seine Lunge hatte sich nicht ausreichend entfaltet. Das kleine, aber doch starke Herz kämpfte erfolgreich für sein Leben. Wieder fand ich die Handschrift der Wiederholung – fing doch mein Leben mit einer Lungentuberkulose an, die mein junges Leben bedrohte.

Ich lebte in großer Freude mit meinem Mann und den beiden gesundeten Söhnen. Nichts schien unser Glück trüben zu können. Die Kinder entwickelten sich prächtig.

Doch etwas in mir sehnte sich nach Erweiterung. Mir war nicht bewusst, dass meine Seele ihrer mitgebrachten Vision folgen wollte.

Es erreichte mich ein Impuls, mein Fachabitur ablegen zu wollen, um den durch Krankheit verlorenen Faden wieder aufzunehmen, Sozialpädagogin zu werden. Im Bankfach hatte ich nicht die erfüllende Antwort gefunden, nach der sich mein Herz ausstreckte. Wie sehnte ich mich nach Kontakt mit anderen jungen Menschen, die gleich mir ihren Berufswünschen nachgehen wollten. Meine Söhne waren im Kindergartenalter. Auch sie standen vor einer Erweiterung ihrer kleinen Welt.

Das bis zu diesem Zeitpunkt eingespielte Rollenverhalten zwischen meinem Mann und mir geriet ins Wanken. Unser Fundament war nicht tragfähig genug, um mit den anstehenden Entwicklungsschritten angemessen umgehen zu können. Ich machte einen Rückschritt und meldete mich von der Schule ab, in der Hoffnung, dass sich unsere Situation stabilisieren würde. In mir war tief der Glaube verwurzelt, mit dem Wohlwollen meines Mannes rechnen zu können, wenn ich meine alte Rolle wieder einnähme, mich auf Haus und Kinder zu beschränken. Dieses Rollenverständnis hatte ich in meiner Familie erlernt, und es gehörte zur damaligen gesellschaftlichen Auffassung über Ehe und Familie.

Hin- und hergerissen zwischen diesem erlernten Verhalten sowie der Übernahme der Gedanken- und Gefühlsmuster meiner Vorfahren drängte meine Seele danach, ihre mitgebrachte Vision zu entfalten.

Ich wanderte durch eine Zeit seelischer Erschütterungen und Irritationen. Mein Mann verließ uns, und meine beste Freundin wurde nun seine Wegbegleiterin.

Meine Wahl war unbewusst auf einen Mann gefallen, dessen Aufmerksamkeit nicht vollständig seiner Familie gehörte, ebenso wie bei meinem Vater, der still dem verlorenen Traum des Mystikers nachhing und somit nur punktuell mit seiner Präsenz in meiner Herkunftsfamilie vertreten war. Dass es eine Verknüpfung in mir zu diesem Potenzial meines Vaters gab, war mir nicht klar, noch viel weniger, dass eben dieses nach Erfüllung strebte. Ein anderer wesentlicher Punkt, der zur Verwandlung anstand, mir jedoch ebenso wenig deutlich war, saß in meiner tiefsitzenden Angst, verlassen zu werden. Als Kind war ich während der Zeit meiner Klinikaufenthalte durch eine Reihe traumatisierender Trennungserfahrungen gegangen. Nichts fürchtete ich mehr, als verlassen zu werden. So war das, was geschah, im wahrsten Sinne folgerichtig. Das Verlassenwerden durch meinen Mann erlebte ich wie einen persönlichen Weltuntergang. Heute sehe ich es als notwendige Schulung an, mich auf eigene Füße stellen zu lernen. Meine Lektionen zum Überlebensthema kündigten sich an.

Ich erlebte mich tief verwundet und gekränkt und hielt mich ganz und gar im Opferbewusstsein auf. Worte wie Schuld und Verantwortungslosigkeit gingen mir leicht von den Lippen.

Als ich mich gerade im Opfer-Täter-Spiel einrichten wollte, meldete sich meine „innere Stimme" zu Wort:

„*Nimm Dich genau so, wie Du bist, an, nicht wie Du sein solltest.*
Alles sind nur Erfahrungen Deines Menschseins.
Übe Dich in Selbstannahme und Liebe.
Die Flügel der Morgenröte umfahren Dich.
Im Licht Deines Herzens und in der Unzerstörbarkeit Deines Willens ruht Dein Anker in sicherem Grund.
Du kannst es als Tragödie oder als offene Tür erleben."

„Triff eine Wahl und nimm den Faden auf, dort wo Deine Ahninnen ihn verloren haben, bis auf Deine Großmutter mütterlicherseits. Hier findest Du eine starke Ressource Deiner weiblichen Wurzeln. Deine Großmutter hat trotz aller Hindernisse durch Krieg und patriarchale Strukturen in Elternhaus und Ehe Zugang zu ihrer weiblichen Kraft und Stärke gefunden. Ihre Vision, Lehrerin zu werden, hat sie ins Leben gebracht. Sowohl in Deinen väterlichen als auch in Deinen mütterlichen Wurzeln findest Du ebenfalls das Erbe, trotz aller Widrigkeiten, mit Mut, Kraft und Ausdauer Deinen Traum umzusetzen. Erfüll Dir Deinen lang ersehnten Wunsch, Pädagogik zu studieren und mach die Hochschulreife."

Ich fühlte mich völlig überfordert: zwei kleine Kinder, zur Schule gehen und, wie sich bald herausstellte, den nötigen Unterhalt für uns erarbeiten. Durch meine lange Krankheitserfahrung war in mir der „Prinzessinnen"-Persönlichkeitsanteil stark ausgebildet, der es eigentlich unzumutbar fand, für sich und die Kinder materiell zu sorgen. Wollte ich in meinem Elend nicht stecken bleiben, galt es Menschenfrau zu werden. Eine Erfahrung, die mir unendlich kostbar geworden ist und mich lehrte, jede Arbeit zu achten.

Somit verschaffte ich mir Zugang, den gesellschaftlichen Wertekodex zur Arbeit in mir selbst zu überprüfen und zu revidieren. Ich verdiente mein Geld als Putz- und Marktfrau, als Bedienung und meldete Autos zur Zulassungsstelle an – Vorschläge meiner „inneren Stimme". Erfüllt von der Freude, den Lebensunterhalt selbst für uns verdienen zu können, bekam die Arbeit ihren eigenen Wert für mich. Getrost ließ ich meine alten Wertvorstellungen los – eine eindrucksvolle Erfahrung. In diesem neuen Leben kam ich ohne ein gutes Organisationstalent nicht aus, und schon bald begann ich den Hochschulreifekurs. Zu Hause entwickelten wir einen tollen Teamgeist und wuchsen zu einer starken Gemeinschaft heran.

„Mit der Wahl Deines Partners und dem Vater Deiner Kinder stelltest Du die Weichen, um Dich in zunehmender „Selbst-Bestimmung" zu erfahren. Was Dir zunächst wie ein persönlicher Weltuntergang vorkam, hat Dir die Möglichkeit offenbart, alte Konditionierungen zu überwinden.

In der Übernahme Deiner Rolle als Ehefrau, die sich als Teil ihres Partners erlebte, fandest Du die Spur Deiner Ahninnen, die über lange Zeiträume ein dem Mann zugeordnetes Leben führten.
Die Flügel Deiner Seele sehnten sich nach Weite, um Stufe für Stufe Deinem eigentlichen Sein zum Ausdruck zu verhelfen. Was schmerzhaft begann, entpuppte sich von der Larve zum Schmetterling."

In der Zeit, in der ich für die Hochschulreife lernte, erlebte ich in mir alte Konditionierungen: Ich glaubte, nicht besonders begabt zu sein, die Reife nicht zu schaffen, usw.
Die Erfahrung, dass mich der Lehrstoff begeisterte und mich zu überdurchschnittlichen Leistungen bewegte, überraschte mich. Oft war ich den guten Ergebnissen gegenüber skeptisch und hielt sie für eine Reihe glücklicher Zufälle. Meine Mentorin formulierte es einmal so: „*Du bist der glückliche Zufall und das alles steckt in Dir.*" Ich war tief bewegt, mich erfolgreich, glücklich und leicht lernend zu erleben – etwas, was die ganze Schulzeit über nicht hatte gelingen wollen.
Hier setzte ich ein wichtiges Fundament für alle weiteren Ausbildungen.
Meine „innere Stimme" motivierte mich täglich, und so erschlossen sich mir die verschiedensten Dimensionen wissenschaftlichen Lernens.

„Was Du über Dich gehört hast, ist nicht die Wahrheit über Dich.
Vielmehr waren es die Überzeugungen derer, die sie aussprachen.
Erkenne und erfahre Deine Gaben und Talente
und bringe sie vollkommen zum Ausdruck.
Und das Wichtigste: Freue Dich über das, was Du mitbringst in diese Welt."

Es war eine Zeit wahrhaft beflügelten Lernens. Vater und Mutter hatten zu einem großen Teil ihre Vision verloren. Diese Strukturen standen machtvoll vor meinen Lernerfahrungen, und es galt, sie völlig über Bord zu werfen. Bald kam ich mir vor wie eine Blume, die in gutem Boden wächst und mit allem optimal versorgt wird.

„So wie Du glaubst, so kann Dir geschehen."

Das Denkwürdige an dieser Zeit war, dass sie im herkömmlichen Sinn ebenso eine Zeit materieller Entbehrungen war, aber dass das, was wir wirklich zum Leben brauchten, immer da war. Waren Vater und Mutter im wahrsten Sinne vom Überlebenskampf und Mangelbewusstsein geprägt, so durfte ich lernen, dass das Leben selbst für uns sorgte. Das hierfür Wichtige war das Vertrauen, dass es täglich so sein würde. Einmal gab es einen bedrohlichen, finanziellen Engpass – abends lag ich im Bett und bat um Hilfe. Ich schlief in der Erwartung ein, dass sie uns zuteil würde. Am nächsten Morgen fand ich einen Briefumschlag mit der Geldsumme, die ich in diesem Augenblick benötigt hatte.

Für mich handelt das Universum so durch uns. Es bestätigt das, was wir glauben. Gute Freunde hatten gerade an diesem Abend die Idee, mich finanziell großzügig zu unterstützen.

Die Lebenseinstellung meiner Eltern begegnete mir nicht nur im Außen, sondern ich fand sie auch in inneren Dialogen von Zweifeln vor. Eine spannende Übung, die mir meine „innere Stimme" vorschlug, war, mir diese düsteren Gedanken und Gefühle wie ein Kulissenbild vorzustellen, das ich beliebig oft vor meine Erfahrungen mit Liebe und Vertrauen schieben konnte. Es erwies sich als hilfreich, diese Kulisse bei Erscheinen sofort wegzuschieben.
Gleichzeitig wurde ich der Verknüpfungen der elterlichen Gedanken- und Gefühlswelt gewahr. Eine wichtige Entscheidung war, eine neue Wahl bewusst zu treffen und diese zu verankern. Im Zusammenleben mit meinen Kindern konnte ich diese Wahl glaubhaft einüben. Ich leitete sie an, dem Leben das Beste zuzutrauen und immer an eine Lösung fest zu glauben.
Dankenswerterweise unterstützten mich die elterlichen Ressourcen in meinem Inneren. Das Bild, den heimatlichen Boden zu verlieren und im anderen Land mir neu vertraut zu machen, tauchte nun bei mir durch den Verlust der ehelichen Gemeinschaft auf, wo ich „heimatlichen" Boden verlor. Beim Neustart begann ich wie Mutter und Vater, mit einfachsten Arbeiten unsere Existenz zu sichern. Wie mein Vater,

der seinen verlorenen Traum, Lehrer zu werden, ins Leben brachte und seine kaufmännische Tätigkeit hinter sich ließ, nahm auch ich nicht mehr den kaufmännischen, sondern den pädagogischen Faden auf. Die kraftvolle Ressource meiner Großmutter, die in der gleichen Reihenfolge ihren Traum umsetzte, versorgte mich mit weiteren, nährenden Informationen.

Wenn es auch an dieser Stelle biographisch vorweggenommen ist, füge ich hinzu, dass mein Zweitgeborener ebenfalls nach einer kaufmännischen Lehre seinen Weg in die Heilpädagogik fand. Mein erstgeborener Sohn schlug zunächst den Weg ein, das Lehramt zu studieren, um später im kaufmännischen Bereich seinen schöpferischen Ausdruck zu finden. Die zahlreichen kaufmännischen Ressourcen meines Familienverbandes sind ein ebenso wichtiges wie tragendes Element, um für die materielle Seite des Lebens sorgen zu können. Sie bedurften der Erneuerung durch die folgenden Generationen, um das Überlebensthema mit neuem Vertrauen zu balancieren. So haben mir die unbeschadeten Informationen von Eltern, Großeltern und Urgroßeltern tragende Unterstützung auf meinem Weg gewährt.

Auf eindrucksvolle Weise zeigt sich, welche Kraft in den Wurzeln unserer Eltern und Ahnen liegt und wie ihre seelischen Dimensionen weit in unser persönliches Leben hineinreichen und nach Verwirklichung streben. Ich bin all denen unendlich dankbar, die vor mir über diese Erde gingen und deren Handschrift so deutlich im Leben ihrer Nachkommen sichtbar wird. Wie bei meinen Schwestern und mir fanden sich die Potenziale unserer Eltern, Großeltern und Urgroßeltern. Jede von uns gab durch diese Potenziale einen ganz individuellen Ausdruck.

Nach Erlangung der Hochschulreife machte ich mich ans Studium. Meine alten Konditionierungen über schlechte Schulleistungen hatte ich umgekehrt und mich freudig lernend erlebt. Mein Ziel zu studieren hatte ich verwirklicht. In dieser Zeit oblag es mir auch weiterhin, für das materielle Fundament zu sorgen. Im Kindergarten suchte die Kirchengemeinde eine Kochfrau. Kochen konnte ich, Kinder begleitete ich – also bewarb ich mich und bekam die Stelle. Ein strenger

Tagesrhythmus war von uns einzuhalten. Mein Dienst forderte mich körperlich stark heraus, und wenn ich mittags zur Hochschule fuhr, kämpfte ich das eine oder andere Mal mit meiner Müdigkeit. Die beiden Jungen nahm ich oft mit. Sie lernten schon früh das Hochschulklima kennen und wussten sich zu beschäftigen. Sie kannten kaum Berührungsängste anderen Menschen gegenüber.

Unser Leben war sozusagen schichtenübergreifend: morgens als Arbeiterin – mittags als Studentin. Diese doppelgleisige Erfahrung hat das Thema „Wert der Arbeit" wesentlich bereichert und abgerundet.

In Würde tun

Ob meine Füße
auf einem Marktplatz stehen
oder mein schneller Schritt
bestellte Essen von Tisch zu Tisch bringt,
ob meine Hände
einen Boden schrubben
oder die Seiten eines Märchenbuches umblättern:
Mein Herz entscheidet,
meinem Tun die Würde zu geben.

Der Tod ist eine Illusion

Eine neue Ebene der Heilung innerhalb meiner Familie kündigte sich an. Behutsam, jedoch unausweichlich klopfte der Tod an unsere Tür und bat um Einlass. Mein Vater, seit Jahren schwer herzkrank, gehörte für mich zu jenen Menschen, die wissen, wann „der Weg über den Fluss" anzutreten ist, wo ein freundlicher Fährmann zur Überfahrt einlädt.
Meine Beziehung zu meinem Vater erlebte ich von seiner Autorität geprägt, die kaum Spielraum für mein kindliches Dasein und behütetes Wachsen in Freude ließ. Die Erfahrung herzlicher Offenheit und Verbundenheit fehlten am Horizont meiner Kindheit und Jugend. Nur in wenigen Augenblicken durfte ich das Glück tiefer Liebe mit ihm teilen. Einer dieser kostbaren Augenblicke war kurz vor seinem Tod, für den er das Datum der Wintersonnenwende gewählt hatte.

Er hatte meine beiden Söhne und mich zum Gänseessen am 4. Advent eingeladen. An diesem Sonntag wurde mir schon mein Weihnachtsgeschenk überreicht. Auch der Weihnachtsbaum war schon geschmückt. Vater hatte sich von mir eine Schallplatte mit einem seiner Lieblingsstücke gewünscht – den Trauermarsch von Chopin. An diesem Tag erlebte ich ihn ganz und gar als Vater und Großvater, liebevoll, achtsam, ja zärtlich.
Als ich mich von ihm verabschiedete, hielt er mich lange in seinen Armen. Ich spürte die eigentliche Qualität seines Herzens. Schon einige Treppenstufen hinabgegangen, hörte ich mich von ihm zurückgerufen. Er rief mir entgegen: „Tochter Zions, freue dich."
Ich war überwältigt von seiner Nähe und Klarheit, durch die er mich auf seine eigene Weise auf meine Herkunft und meine Lebensvision verwies. Da erkannte die Seele die Seele, der Geist den Geist, ohne Schleier, ohne Verwundung, direkt und unmittelbar.
Zwei Tage später starb er, ruhig, still, dahingeglitten auf der Fähre des silbernen Stroms.
Er hatte mir versprochen, sich nach seinem Tod bei mir zu melden. Für ihn war seine Unsterblichkeit eine innere Wahrheit. Die Nachricht seines Todes überraschte mich nicht, vielmehr fühlte ich tiefe

Dankbarkeit, dass er so bewusst und dennoch in aller Stille von uns Abschied genommen hatte.
Meine Söhne ließen uns wissen, dass es keinen Grund gäbe, traurig zu sein. Es sei doch Weihnachten und ihr Opa wäre nun direkt beim Christkind. Sie vergossen keine Tränen und packten ihre selbstgebastelten Geschenke liebevoll zu ihm in seinen Sarg. Er war also bestens ausgestattet für seine Reise nach Weihnachten – „Weihe-Nacht".

Einige Wochen später schrieb ich, an seinem Schreibtisch sitzend, einen Brief. In diesem Arbeitszimmer stand eine Uhr, die aufgezogen werden musste. Nach seinem Heimgang hatte das niemand mehr getan, sie war stehen geblieben. Plötzlich hörte ich diese Uhr klar und deutlich ticken. Eine Woge der Freude durchflutete mich. „Da ist er ja, Papa!" Ganz, wie er es versprochen hatte. Ich war überglücklich und fühlte seine Präsenz. Seine Liebe berührte mich tief in meinem Herzen.
Ich bat meine Mutter ins Zimmer, um sie zu fragen, ob sie etwas höre. Erschrocken stellte sie fest, dass die Uhr tickte; hatte meine Mutter doch schon zu Vaters Lebzeiten signalisiert, dass sie für dererlei Phänomene nicht offen sei. Wenig später kam meine jüngste Schwester aus der Schule, die das Ticken der Uhr ebenfalls bestätigte. Bemerkenswert war, dass Uhr und augenblickliche Uhrzeit identisch waren.

Diese Erfahrung öffnete mir eine Tür zu einer Reihe von Träumen, in denen mein Vater mich unterrichtete, dass der Tod eine Illusion sei. Er erklärte mir, wie wichtig es sei, ganz und gar präsent, im Hier und Jetzt zu leben, als ganzer Mensch, da alles in ständiger Wandlung begriffen und nichts als wirklich konstant zu betrachten sei, sondern als ein Spiel immerwährender Verwandlungen.
Er legte mir nahe, einen Standpunkt der Losgelöstheit von Menschen und Dingen einzuüben, um aus tiefsitzenden Verhaftungen herauswachsen zu können.
Dann machte er mir das größte Geschenk meines Lebens. Er ließ mich wissen, dass es ihm zu Lebzeiten nicht möglich gewesen sei, mich ganz frei von Herzen lieben zu können und bat mich um Vergebung, was

ich mit Freude tat. Vater holte meine Erlaubnis ein, mir und meinen Söhnen Begleitung sein zu dürfen. Mehr als einmal bewahrte er uns vor Gefahren. So durfte ich seine ganze Väterlichkeit von einer anderen Dimension aus erleben, hineinreichend in diese Welt.

Ein Zeugnis seiner Liebe und Fürsorge fand ich in seinem Schutz, den er meinem Jüngsten darbot. Dieser wollte mit seinem Motorrad von dannen fahren. Schon in seiner „Kombi" nahm er die Stufen unserer Haustreppe. Da sah ich plötzlich meinen Vater als Lichtwesen hinter ihm. Ich erschrak, mein erster Impuls war, meinem Zweitgeborenen würde etwas zustoßen. Das Lichtwesen mit dem Antlitz meines Vaters schüttelte den Kopf. Zwanzig Minuten später rief mich mein Sohn an und bat mich, zu einer mir bekannten Straßenecke zu kommen. Er hatte die Kontrolle über seine „Karre" verloren; sie lag im Graben. Ihm selbst war nichts geschehen.

Aus den Gesprächen mit meinem „himmlischen Begleiter", der vormals mein Vater war, erfuhr ich, dass wir nach dem Tode vollkommen bewusst über unser vergangenes Leben sind. Umgeben von der bedingungslosen Liebe, sehnt sich die Seele zutiefst nach Balance. Handlungen, die aus mangelndem Bewusstsein entstanden sind, streben nach Ausgleich, um sie mit der Handschrift der Liebe zu versehen. Ich lernte, wie wichtig es ist, Vergebung in Bereiche hineinzusenden, die jenseits unserer alltäglichen Sinneswahrnehmung liegen. Wir können einander viel Gutes tun im Rahmen von Freiwilligkeit und Liebe. Freilassende Liebe als das größte Geschenk von Seele zu Seele.

Für meinen Vater in tiefer Liebe

Die Axt an die Wurzeln gelegt
neigt sich Dein Herz
bis in der Abgründe Tiefen.
Du kostest verbittertes Wasser
aus der Quelle Deines Lebens,
die mit dem Versäumnis
Vieler getränkt war.
Das Linnen,
welches Deines Herzens Wissen webt,
nimmt alle Bitternis
aus Deinem Lebensquell.
Unter Deinem sprechenden Herzen
stürzen die Städte Deiner Gedanken ein.
Da ist kein Halten mehr – nur Fallen
und Einverstandensein

am Morgen Deines neuen Lebens.

Das Licht der Wahrheit kennt keine Grenzen. Der Tod ist eine Illusion. Er ist wie eine neue Tür, die sich öffnet, damit wir durch sie hindurchgehen. Sie ist immer offen, denn Leben und Tod sind ein und dasselbe. Es gibt nur das Leben in unendlich vielen Möglichkeiten, ohne Anfang, ohne Ende, das ewige Sein, das Jetzt. Dies kannst Du nur im gegenwärtigen Moment erfahren. Dieser Augenblick ist ewig, ohne Anfang, ohne Ende. Das Ende ist gleichzeitig der Beginn.

Lebe in diesem goldenen Augenblick. Lass täglich los – wieder und wieder. Tue es bewusst. Immer dann, wenn Du glaubst zu wissen, was das Leben ist, lass es wieder los.
Lass los von allem, was Du meinst zu sein, was Du hast, was Du bist. Von allen Definitionen – lass los!
Tu es freiwillig, denn nichts von alledem wird bleiben, was Du als Deine Realität wahrnimmst.
Es sind nur Spiegelungen Deiner Selbst – Facetten – von Dir erschaffene Wirklichkeiten, Hologramme.
Versteh das! Fürchte den Tod nicht! Er lädt Dich zum Leben ein. Es schenkt sich Dir mit jedem Atemzug von neuem. Schenk Dich doch auch.

Das allein ist die Botschaft der Liebe: Hingabe – Gabe sein – die Du bist, gewebt aus den Fäden der Liebe. Der Tod zieht die Summe Deiner Wirklichkeiten wie ein Netz von Deinem Kern – Deiner Essenz – ab. Nichts bleibt, Du erfährst Dich als absolutes, reines Sein.
Aus dieser Totalität heraus schaust Du Dir Deinen Lebensteppich an, Du verstehst, wie Du noch nie zuvor verstanden hast, was Du auf Erden wolltest, siehst, was gelang und was nicht gelang.
Welche Form Du wieder wählst, um Deinen Lebensteppich zu vollenden, überlass ich Dir. Alle Gelegenheiten, die Du für Dein Kunstwerk brauchst, werden so, wie Du es von Herzen wünschst, in Erscheinung treten. Dein Herz ist der Platz, wo Du mit mir eins bist. Dort hörst Du meine Stimme, die Dir Deinen Weg weist.
Du wirst all die Menschen treffen, die Dich daran erinnern, was Deine Idee von Liebe ist. Du kannst die, mit denen Du unterwegs warst, wieder treffen, Kreise schließen, um in den nächstgrößeren zu treten.

*Ebenso kannst Du eine ganz andere Wahl treffen;
es ist gleich-gültig.*

Wenn Du Deine Liebe auf der Erde hinterlassen willst, stehen Dir viele Wege offen.
Du kannst auch in anderen Ebenen am Tuch der Liebe weben, das das ganze Universum durchzieht. Ihr seid alle eins, ob nun hier oder dort – alles ist gleichzeitig – ein einziger Atemzug der Liebe – ein ewiges Ein- und Ausatmen – Kommen und Gehen – DASEIN.

Nachdem ich tiefe Erfahrungen mit meinem Vater als Begleiter gemacht hatte, öffneten sich weitere Türen aus anderen Dimensionen. Andere Seelen, die zuvor verstorben waren, „meldeten" sich bei mir auf ganz unterschiedliche Weisen. Ich bemerkte, dass ich so etwas wie eine Mittlerin zwischen den Welten wurde. Meine Seele war offensichtlich bereit, diesen Dienst anzutreten, etwas, was sich erst nach und nach deutlich zeigte; nichts, was in meiner Absicht gelegen hätte. Es geschah – absichtslos.

Da war die Spur des Göttlichen, das sich meiner bediente. Als ich von einem Besuch bei meinem Hausarzt an der Theke seiner Anmeldung vorbeiging, lächelte mich eine junge Frau warm an. Ihr Blick traf mich tief in meinem Herzen. Ich spürte, irgendetwas verbindet uns. Wenige Wochen später erschien sie mir im Traum.

Es war die Frau meines Hausarztes, die einem rasch um sich greifenden Krebsleiden erlegen war.

Sie bat mich, ihrem Mann einen Brief zu schreiben und teilte mir vielerlei aus ihrem gemeinsamen Leben mit. Am nächsten Morgen erinnerte ich diesen Traum ganz klar, mir fehlte jedoch der Mut, ihre Bitte umzusetzen. Ich hatte zu meinem Arzt keine persönliche Beziehung und fühlte mich an die Grenzen meiner Möglichkeiten geführt. Ich bat um Hilfe.

Noch einmal erschien mir die junge Frau im Traum, wunderschön anzusehen, ein strahlendes Lichtwesen, das mir ans Herz legte, ihrem Mann zu allem schon Geschriebenen auszurichten, dass es kein Verschulden seinerseits an ihrer Erkrankung gäbe. Vielmehr sei es ihre Wahl gewesen, diese Erfahrung machen zu wollen. Es ginge ihr sehr, sehr gut und sie möchte sich nun ganz aus der alten Bindung lösen und in Freiheit und Liebe „weiterwandern".

Ich versprach, diese Botschaft zu übermitteln und malte noch ein Aquarell, was einen Eindruck von ihrer Schönheit und ihrem Licht vermitteln sollte. Dann sandte ich den Brief auf die Reise.

Monate später erhielt ich von meinem Hausarzt Post. Er ließ mich wissen, dass ihn der Inhalt des Briefes überglücklich gemacht hätte. Niemand außer ihm und seiner Frau kannte die mitgeteilten Inhalte.

„Wie im Himmel so auf Erden" ist ein Satz des Gebetes, das Jesus seinen Jüngern offenbarte und das Eingang in die Herzen vieler Menschen gefunden hat. Wie sehr sind doch Himmel und Erde miteinander verbunden. Eine unendliche Welt, in der wir gemeinsam leben. Auf Erden verwurzeln wir uns, um die Qualitäten einer persönlichen Individualität zu erforschen und zu manifestieren. Gleichzeitig reicht unsere Seele weit in die für uns nicht sichtbaren Welten hinein. Im Gewand unseres Menschseins formen und gestalten wir Leben als Mitschöpfer. Wir lassen uns ein im Spiegel des anderen, um im Du unsere Seele zu entdecken und zu heilen, um fähig zu werden, einander zu lieben mit allem, was wir sind. In der letzten Stufe der freilassenden Liebe lösen wir uns aus allen Bindungen. Wie eine unendliche Spirale aus Leben und Liebe dehnen wir uns in der Unendlichkeit aus – hinauf- und hinabgleitend, nie endend, ewig seiend.

Großes Geheimnis

Leben,

Du großes Geheimnis,

Flügel von Abend und Morgen,

gehst Du auf Erden im menschlichen Kleid,

schwingst Du in Himmeln zu gleicher Zeit,

zeichnest Du Spuren von Liebe und Licht,

Du ewiges Du, leuchtendes Angesicht,

im Heute und Morgen,

im Ew'gen geborgen.

Teil 4: Wort – Tat – Handlung

Innerhalb meiner Ausbildung zur Pädagogin förderte mein Deutschprofessor meine Fähigkeit, Wissen zu vermitteln. Ich selbst war mir dessen nicht bewusst. Kurzerhand forderte er mich auf, eigene Seminare in seinem Fach zu konzipieren und zu halten. Ich stieß in mir auf tiefer liegende Konditionierungen, die mich erneut an meinen eigenen Fähigkeiten zweifeln ließen. Meine „innere Stimme" motivierte mich liebevoll:

„Wie willst Du herausfinden, welche Fähigkeiten Du hast, wenn Du es nicht ausprobierst? Geh davon aus, dass Du es kannst und vor allen Dingen, dass Du es bist: Eine, die lernend lehrt. Weißt Du, dass dort, wo Dein scheinbarer Mangel sich befindet, Deine Qualität ist? Genau das, was Du zu lernen hast – unterrichte. Wenn Du darauf warten willst, bis Du alle Qualitäten hierzu gelernt hast, versäumst Du die wunderbare Erfahrung, dass alles nur eine Frage des Sich-Erinnerns ist. Es geht nur darum, Dich zu erinnern, was Du schon weißt."

Die Freude, mich erfolgreich in den Seminaren mit anderen zu erleben, motivierte mich. Schon bald bekam ich eine Mentorenstelle, eine andere Studierwillige auf die Hochschulreifeprüfung vorzubereiten. Ich entwickelte ein eigenes Konzept zum Erstlese- und Schreibunterricht und stellte es auf einer Lehrmittelmesse Lehrern vor.
Eine UNESCO-Modellschule bat mich, dieses Konzept zu präsentieren und es mit den Kindern umzusetzen. Im Handumdrehen verdiente ich meinen Lebensunterhalt durch unterrichtende Tätigkeit. Von meiner Arbeitsstelle als Kochfrau nahm ich dankbar Abschied. Niemand außer mir konnte die in mir gesetzten Grenzen erweitern. Wie aufregend war die Erfahrung, sobald ich eine Vorstellung über irgendetwas in mir entwickelt hatte, diese in die Tat umzusetzen. Alles begann mit Gedanken, denen ich Worte gab und die ich zu einem Skript entwickelte. Im dritten Schritt brachte ich es handelnd in die Welt. Erst sehr viel später unterrichtete mich meine „innere Stimme", dass es sich hierbei um ein kosmisches Prinzip handele:
Wort, Tat, Handlung.

Interessant sind hier die Worte aus der Bibel: „Und das Wort ist Fleisch geworden."

Heute, viele Jahre später, würde man sagen: Du bist ein Meister in Sachen Manifestation. Das sind wir immer; der einzige Unterschied ist: Wenn wir bewusst diesem Prinzip folgen, erzielen wir in der Tat andere Ergebnisse, als wenn wir unseren unbewussten Inhalten Folge leisten.
Wie heißt es doch so treffend: „Gott gibt seine Weisheit den Kindern und Unwissenden."

Je mehr sich mein Studium dem Ende näherte, umso tiefer spürte ich, dass ich nicht als Grundschullehrerin arbeiten wollte. Im Schulalltag, während meiner Praktika, traf ich auf verankerte Haltungen und Regularien, die ich mit meinem Innern nicht dauerhaft verabreden wollte. Ich empfand, dass der kreativen Intelligenz der Kinder und dem Lernen mit allen Sinnen wenig Raum gegeben wurde.
Spielerisch und mit Freude zu lernen, dies schien fast unbekannt; vielmehr wurde ernsthaft dem Leistungsprinzip gefolgt. Es machte mich betroffen, wie wenig Beachtung der seelischen Entwicklung der Kinder geschenkt wurde. Deutlich erfuhr ich dies auch im Zusammenleben mit meinen Söhnen. Seelische Entwicklungsschritte, die die Kinder forderten und bewegten, fanden kaum Einlass in das Schulleben. Am deutlichsten wurde dies für mich an einem Elternsprechtag. Ich erkundigte mich nach dem Befinden eines meiner Söhne, der die Schulform gewechselt hatte. Die Lehrerin beantwortete diese Frage mit der Bekanntgabe der Noten, die in ihren Fächern von ihm erreicht worden waren.
Ich vermisste eine angemessene Wertschätzung den Schülern gegenüber, als einem Wesen mit einer ganz eigenen Persönlichkeit, das seinen Wert allein durch sein „Dasein" schon mitbringt.
Meine Kollegen ließen mich wissen, dass meine Vorstellungen mit dem künftigen Schulalltag kaum in Übereinstimmung zu bringen seien. Lehrpläne warteten auf ihre Erfüllung, und ein ganz bestimmtes Leistungsniveau müsse eben in einer Klasse eingehalten werden.
Ich wandte mich an meine „innere Stimme":

„Geh Deinem Widerstand nach und versuche herauszufinden, welche Qualität er hat. Was will er Dir sagen?
Versuche ihm zu vertrauen, denn er führt Dich zu Deiner Stärke."

Mein Widerstand stellte sich als Schutzmaßnahme heraus. Ich wollte mit den mir anvertrauten Kindern in Freiheit und Respekt umgehen; Räume für schöpferisches Lernen gemeinsam mit ihnen erschaffen und sie nach ihren Gaben und Talenten, die sie mitgebracht hatten, fördern. Das gängige Schulmodell konnte diesen Vorstellungen nicht entsprechen. Wo also führte mich mein Weg hin?

„Erinnere Dich, an welchen Stellen Du diese Gaben schon umgesetzt hast? Dorthin führt Dich die Spur."

Das waren meine Erfahrungen im Seminar, wo ich Mitstudierenden Unterricht erteilt hatte und mir alle Freiheiten, schöpferisch zu arbeiten, gegeben wurden. Ebenso die Zeit als Mentorin an der Volkshochschule. Nun konnte ich der Spur der Freude folgen.
Sie führte mich zur ortsansässigen Volkshochschule. Das Gespräch mit dem zuständigen Fachbereichsleiter war durch und durch positiv. Am Schluss unserer Unterhaltung bemerkte er jedoch, dass er augenblicklich keine Kapazität frei hätte, mich zu beschäftigen.
Ich war bestürzt, war ich doch der Spur der Freude gefolgt. Sollte sie hier schon zu Ende sein? Fast schon im Gehen vernahm ich meine „innere Stimme":
„Erfinde Arbeit, wenn keine da ist."

Zunächst irritierte mich dieser Impuls, aber ich sprach ihn genauso aus. Spontan antwortete mir mein Gegenüber: „Eine glänzende Idee. Seit einiger Zeit ist uns bekannt, dass es in der Bundesrepublik eine Minderheit von Menschen gibt, die, obwohl erwachsen, weder lesen noch schreiben können. Für diese Zielgruppe soll ein Konzept entwickelt werden." Begeistert stimmte ich zu, und wir verabredeten eine Zusammenarbeit.
Alles ist möglich, wenn ich vertraue und darauf baue, eins zu sein mit der Energie der Schöpfungskraft.

*„Bevor Du ein Konzept entwickelst, hör mir einen Augenblick zu:
In jedem von Euch fließt ein unerschöpflicher Strom von Kreativität, völlig unabhängig von Bildung oder verschiedenen sozialen Schichten. Diese Unterteilungen sind künstliche Grenzen, die das Wunder, das in jedem von Euch wohnt, klein machen und oft genug bis zum Versiegen dieser Kräfte führen.
Wie Du selbst erlebt hast, sind unter dem Geröll der verschiedenen Prägungen unendliche schöpferische Möglichkeiten verborgen.
Scheinbar ausgetrocknete Flussbetten füllen sich mit dem lebendigen Strom des Seins.
Das Leben ist eine ewige, nie versiegende Quelle.
Was es braucht, ist eine lebendige Erinnerung und einen geschützten, wertfreien Raum.
Jede Begegnung mit einem Menschen ist eine heilige Begegnung.
Sie birgt die Möglichkeit in sich, einander als die Kostbarkeit zu erkennen, die jedes Wesen seit Anbeginn ist.*

Deine Aufgabe ist es, diese Menschen an ihr natürliches Wertvollsein zu erinnern.
Als Kinder haben sie die Möglichkeit der Ausgrenzung gewählt, nicht lesen und nicht schreiben zu können, um auszudrücken, dass sie sich zu ihrer Gruppe nicht zugehörig fühlen. Jetzt haben sie eine gehörige Portion Mut bewiesen, zu sich und ihrem Entwicklungsthema zu stehen. Es ist ein Ausdruck ihrer innewohnenden Kraft.
Bemühe Dich, sie partnerschaftlich und ebenbürtig zu behandeln, denn sie sind Dir ebenso Lehrer wie Du ihnen. Beobachte Dich genau in Deinen Verhaltensweisen und lass Dir zeigen, auf welchen Kanälen diese Menschen erreicht werden wollen.
Wenn Du ihnen ausreichend Raum gibst, sich in ihrem ehemaligen Erleben mit Schule zu beschreiben, zeigen sie Dir ihre „Medizin", also genau das, wie und wodurch sie am besten lernen können. Das optimale Konzept ist also das, was Ihr gemeinsam erarbeitet."

Ich war tief berührt von den Worten meiner „inneren Führung". Die Tür stand offen, ich musste nur noch hindurchgehen.

Kurze Zeit später begann ich mit dem ersten Kurs. Mein Fachbereichsleiter Peter schenkte mir sein ganzes Vertrauen, in dieser von meiner „inneren Stimme" vorgeschlagenen Weise vorzugehen. Er war in der gesamten Zeit meiner Tätigkeit von fast zwanzig Jahren jene Kraft, die mit großer Offenheit und Unterstützung schöpferisches Lernen förderte und den Menschen, die durch die verschiedenen Raster schulischer Bewertungen hindurchgefallen waren, mit unglaublichem Respekt begegnete.

Keinem der Erwachsenen fehlte es an der Fähigkeit, Lesen und Schreiben zu lernen, sondern ihr verletztes Selbstwertgefühl war zu einer Barriere geworden, hinter der ihre Talente verborgen waren.

Mitzuerleben, wie die Freude am Lernen den Teilnehmern zum Motor wurde, ihre eigenen Fähigkeiten herauszuarbeiten, machte mich unendlich dankbar. Es war beeindruckend, wie mich jeder Kursteilnehmer darüber unterrichtete, was er brauchte, um optimal lernen zu können.

„Wie wäre es, wenn Du Deine Erfahrungen, die Du mit den Teilnehmern gemacht hast, in eine Fortbildung für Lehrer münden ließest?
Teile und zeige, was Du gelernt hast. Deine Kollegen können diese Impulse in die Schulen tragen, an denen Kinder unterrichtet werden.
Verfahre genauso, wie ich es Dir gezeigt habe. Im Entdecken der eigenen, schöpferischen Qualitäten des Einzelnen und der Freude, etwas Gemeinsames zu erschaffen, liegt der Schlüssel zum Glück.
Ihr seid auf das „Du" hin erschaffen. Das Individuelle, das ganz Persönliche zur höchsten Form zu entwickeln, wird erst durch das „Du" in der Erfahrung des Teilens vollendet."

Die Lehrerfortbildung war für alle Beteiligten ein Gewinn. Wenn wir im Leben etwas erreichen wollen, lernen wir, dass wir viel dafür tun müssen – „ohne Fleiß kein Preis". Doch es ist genau umgekehrt: Unserem kreativen Selbstausdruck zu folgen, mutig für das einzutreten, was wir für lebenswert halten, führt uns Schritt für Schritt in die Richtung *Erfolg*.

Ich *folge* meiner Absicht. Es ist also ganz selbstverständlich, wenn ich meiner Freude und Begeisterung *folge*, dass ich ein Ergebnis kreiere, das wiederum Freude ist.

Dem zu lauschen, was sich im Inneren ausdrücken möchte und ihm zur Geburt zu verhelfen, bringt den Erfolg von „Selbst" mit sich; das ist ein kosmisches Prinzip. So wie eine Rose weiß, dass sie eine Rose ist, bedarf sie lediglich guten Bodens und eines sonnigen Standortes. Niemand muss ihr erzählen, wer sie ist. Die Pflege eines liebevollen Gärtners lässt sie zur vollen Schönheit reifen.

Meine Kollegen verfügten über eine Fülle von Kreativität. Während wir unsere Talente zusammentrugen, wuchs das Konzept im wahrsten Sinne des Wortes von „Selbst".

Es war ihnen ein großes Anliegen, daran mitzuarbeiten, Unterricht für Kinder über die Sinne erfahrbar werden zu lassen.

Wir trafen uns noch viele Male, um uns auszutauschen und gemeinsame weitere Modelle zu entwickeln.

Aus dem Impuls einer Kollegin wurde eine Gruppe geboren, in der Frauen ihre Rolle innerhalb ihrer Familie hinterfragen wollten.

Unaussprechliches Geheimnis

Eine Rose ist eine Rose
unverwechselbar
in ihrer Schönheit

Jeder von uns ist ein
Geschenk
unaussprechlich

Wir alle sind unaussprechliche Geschenke,
in unserer Schönheit so unverwechselbar wie eine Rose.

„Dein Weg wird Dich gehen!"

Lausche: so kannst Du Deinen Weg nicht verfehlen.
Lerne in der Gruppe das genaue Zuhören.
Während Du mit Deinem ganzen Einfühlungsvermögen lernst wahrzunehmen, was in diesem Augenblick die Wahrheit des anderen ist, entstehen Räume von Freude und pulsierendem Leben.
Indem Du einfach nur zuhörst und erlaubst, dass ein wertfreier Raum entsteht, wird es Deinem Gegenüber möglich, sich selbst in der Tiefe seiner Seele wahrzunehmen, die eingenommene Rolle zu identifizieren, um sich für eine neue und bessere Wahl öffnen zu können.
Sei Dir Deiner bewusst, dass Du niemals die Themen eines anderen lösen kannst; das ist nicht vorgesehen. Indem Du jedoch das in Deinem Leben Erfahrene teilst, gibst Du Impulse, machst Mut, den eigenen Welten vertrauen zu lernen, um der Stimme des Herzens lauschen zu können.
Je mehr Du die Einheit durch Dich hindurch wirken lässt, umso mehr werden sich Menschen erinnern, dass sie Liebe in Aktion sind.

Für einen Menschen ist es unglaublich berührend, einfach erzählen zu dürfen, wie es ihm im Moment mit seinem Thema geht. Es gibt in Eurem Alltag viel zu wenig Räume, in denen Ihr zeigen könnt, wer Ihr seid und was Euch wirklich bewegt. Es ist wichtig, niemanden zu belehren, denn jeder bringt seine eigene Kompetenz schon mit. Es gilt nur, ihn liebevoll daran zu erinnern.
Damit meine ich nicht, dass Du keinen Standpunkt einnehmen solltest. Gib Dich klar zu erkennen – ein „Ja" sei ein „Ja", ein „Nein" sei ein „Nein".
Mit dieser Gruppe beginnst Du in eine Arbeit hineinzureifen, die Dir Stück für Stück entgegenkommt. Erlaube jedem Teilnehmer, Dich über sich selbst zu unterrichten.
Jeder von Euch kennt seine Medizin.

Indem Du auf Momente achtest, die Dich berühren, triffst Du in der Tiefe auf Dich selbst, und etwas in Dir will heraufkommen, um ganz bei Dir zu sein, also ganz zu werden.

*Nimm Dich so an, wie Du Dich in diesem Augenblick fühlst, mehr nicht.
Lass alles leben, was in Dir ist.
Damit gibst Du Dir Respekt für Dich und Dein Sein.
Teile die Welt nicht in gut oder schlecht, schwarz oder weiß.
Menschen, die Auslöser für Deine Emotionen sind, unterstützen Dich einfach nur, Dich liebend in die Arme zu nehmen und Frieden zu finden mit Situationen, die Dich irgendwann einmal verletzt haben.
Fürchte solche Augenblicke nicht, denn so wächst Du in Deine natürliche Autorität hinein. Damit wirst Du als ganzer Mensch erfahrbar mit Deinen Licht- und Schattenseiten.*

Hineingeträumt

Tief in dunkler Erde
träumt die Larve
den bunten Traum eines Schmetterlings,
nicht ahnend,
am eigenen Gewand zu weben.

Die Enge des Kokons
überwindend,
schwingt sich der Falter
schimmernd in blaue Lüfte.

Süßer Duft,
warmes Sonnenlicht
lassen den Segler
an Ufern
immer neuen Glücks landen.

Selbst
seines Traumes
Wahrheit geworden.

Krankheit und Sterben – Wege zur Ganzheit

Meine „innere Führung" leitete mich auf meinem Weg in einen noch tieferen Kontakt mit Krankheit, Tod und Sterben. Von Grund auf wollte dieses Thema auf so vielen Ebenen meines menschlichen Seins bewusst gemacht werden. Meine Großmutter väterlicherseits war kurz nach meiner Geburt an Brustkrebs gestorben. Sie war es, die mir den Namen Theresia gab. Meine Eltern hatten für mich den Namen Regina ausgesucht. Nachdrücklich bat sie um diese Namensgebung. Sie, die dem Ewigen schon so nah war, machte mir mit diesem Namen ein großartiges Geschenk. Nomen est omen – Name ist Bedeutung. Theresia bedeutet: Jägerin nach dem Sein, aber auch die Seherin. Kurz vor ihrem Eintritt in die Ewigkeit überreichte sie mir diesen Schlüssel. Ich bin dieser Ahnin zutiefst dankbar für diese Weg-Weisung.

Die Strukturen der Krebserkrankung kamen mir machtvoll im Spiegel einer Freundin entgegen, die plötzlich an Blasenkrebs erkrankt war. Wir waren beide alleinerziehende Mütter und unterstützten einander. Ich begleitete sie während ihrer Erkrankung. Nur wenige Monate später starb sie. Sie wurde mir eine wichtige Lehrerin auf meinem Weg. Es fiel ihr schwer, vom Groll gegen den Vater ihres Kindes loszulassen, der sie und ihren Sohn allein gelassen hatte. Ihr ganzes Leben war ein stiller Kampf ums Überleben, ohne je die Erfahrung gemacht zu haben, sich dem Leben vertrauensvoll hinzugeben. Ihr fehlte eine befreiende Antwort, in der sie Geborgenheit und Liebe getragen hätten. Erst durch ihre Krankheit fand sie die Antwort, sich dem Großen Unnennbaren rückhaltlos anzuvertrauen.

Wieder und wieder erinnerte mich meine Freundin in ihren Verhaltensweisen an meine Großmutter, die sich keinen Raum für weiche Gefühle gegeben hatte. Vielmehr kämpfte sie mit Durchhaltevermögen und Verlässlichkeit für das Leben ihrer Kinder in einem Höchstmaß an körperlicher Arbeit, ohne Unterstützung durch ihren Ehemann. Strenge und Disziplin waren ihr Maß für sich selbst und ihre Kinder. Sie hatte früh ihren Vater verloren. Die beglückende Erfahrung kindlichen, zweckfreien Daseins fehlten ihr. Nach dem Tod ihres Vaters trug sie mit an der familiären Bürde, ihre Mutter zu unterstützen, das väterliche Geschäft weiterführen zu können. Meine Großmutter vermochte es weder, sich und ihren Kindern mütterliche Wärme entgegenzubringen noch diese vor der väterlichen Gewalt zu schützen. Durch die von meiner Freundin ins Bild gesetzten Strukturen ihrer Lebensgeschichte und deren Auswirkungen bekam ich einen Einblick in das „Wesen" der Erkrankung Krebs, die noch viele Male mein Leben kreuzen sollte und ganz offensichtlich eine Grundaussage meines Clans darstellte: Fehlende Selbstliebe, nicht ausgedrücktes Leid, alter Groll und mangelndes Vertrauen in das Leben.

Am Ende ihres Lebens formulierte meine Freundin eine *Kern*-Aussage, die mich seither begleitet: „Wenn man geht, muss es hell sein."
Das bedeutet nicht, das Licht leuchtet erst am Ende unseres physischen Lebens; es leuchtet immer, denn wir sind eine großartige Komposition schöpferischer Energie.

Doch wie wahr ist es, dass wir, um unser Licht leuchten lassen zu können, die Dunkelheit brauchen. Dunkelheit ist eine andere Qualität als Helligkeit, mehr nicht.
Sie schenkt uns den Blick auf die Sterne.
Wir müssen sie nicht fürchten.

Ich begann, mich mit den seelischen Strukturen meiner Großmutter auseinanderzusetzen. Mir fiel auf, dass es eine unterschwellige Haltung von Strenge mir selbst gegenüber gab. Hier waren Gedanken- und Gefühlsmuster miteinander verknüpft: Das Leben als Kampf zu empfinden und sich mit der Verantwortung für die Kinder allein gelassen zu fühlen, das war mir ebenso vertraut, wenn auch in abgeschwächter Form. Bei meinem Vater, der ja Sohn eben dieser Großmutter war, herrschten diese Strukturen als Grundaussagen vor. Es war an der Zeit, mich von diesem verknüpften Potenzial zu lösen und mich und meine Familie in den unerschöpflichen Strom der Liebe zu stellen. Mehr und mehr konnte ich von dieser Strenge loslassen, um der innewohnenden Barmherzigkeit größeren Raum zu geben (Barmherzigkeit, sprachliche Wurzel = das Herz umarmen).

Der Brustkrebs findet seinen Ausdruck im mütterlichen Organ, das er zerstört. Wie leidvoll ist dieser Weg für die betroffenen Frauen, von denen eine meine Großmutter war, diese inwendige Zerstörung mitzuerleben. Tief im Herzen getroffen, drückt sich der Schmerz fehlen-

der Mütterlichkeit und verletzter Weiblichkeit im Organ Brust aus. Quelle der Nahrung für das Neugeborene und lustvolles sexuelles Erleben sind ihre eigentliche Aufgabe. Wie tief müssen Verletzungen sein, wenn sie diesen Weg des Ausdrucks suchen.
Die sich in mir nach Versöhnung sehnenden Strukturen weiblicher Verletzlichkeit und die Übernahme alter Denk- und Gefühlsmuster meiner Großmutter setzten in der Begegnung und Auseinandersetzung mit meiner erkrankten Freundin die Möglichkeit der Verwandlung frei. Meine Großmutter war die treibende Kraft, die mich die seelischen Strukturen dieser Krankheit erfahren ließ. Im Laufe der folgenden Jahre begegnete ich dieser Erkrankung in meiner Herkunftsfamilie und in meinem Freundeskreis zunehmend mehr.

Jahre zuvor begleitete ich den Sohn meiner Großmutter Franziska, Alfred, der an Magenkrebs erkrankt war, im Sterbeprozess. Aus diesem Miteinanderteilen wurde in mir der erste Impuls geboren, dieser Erkrankung besondere Aufmerksamkeit zu schenken.

Was war ihr Geheimnis?
Der Krebs umarmt den Menschen von innen – ah, es gilt auch hier:

Liebe Dich selbst,
achte Dich,
freu Dich an Deiner Schönheit, an Deinem Körper,
vor allen Dingen aber lass los von der Illusion:
Du verdienst die Liebe nicht.

So öffnete mir meine Großmutter die Tür für entstehende heilende Räume durch Selbstannahme und Kursänderung in Richtung Lebensfreude und Selbstliebe.
So bereitete sich in mir, von langer Hand vorbereitet, mein späterer Weg vor, der mich zu krebserkrankten Menschen führte.

Für meine Großmutter Franziska

Dein Herz umarmen,
in Stille und Dankbarkeit.

Seine Landschaften zärtlich liebkosen,
bis sanfte Hügel neu erblühen.

Deinen Schmerz hören,
der unhörbar geblieben ist.

Deiner Strenge ein zärtliches Streicheln entgegenhalten,
bis die Tränen fließen, die nie geweint wurden.

Deinem Zorn eine Stimme geben,
für deine inwendige Kraft.

Deine verlorene Schönheit betrauern,
bis alles in dir von ihr spricht.

Lachend ein Lied für dich singen,
bis du erinnerst, dass deine Wahrheit Liebe ist.

Aus den Erfahrungen, meine Freundin in Krankheit und Sterben begleiten zu dürfen, wurde der Impuls geboren, Seminare zu diesem Thema anzubieten. Die Auseinandersetzung mit der eigenen Verwundbarkeit durch Krankheit und Sterblichkeit vor dem Hintergrund der persönlichen Lebensgeschichte setzte bei vielen Menschen kraftvolle Umwandlungsprozesse in Gang.

Die Seminare trugen den Titel, den meine Freundin als Kernsatz ihres Lebens formuliert hatte: „Wenn man geht, muss es hell sein." So wirkte sie mit, Menschen zu ermutigen, ihre Altlasten wie Kummer, Groll, Unversöhnlichkeit oder Nichtverstehen-Können zu Lebzeiten zu verwandeln, sie hinter sich zu lassen, um dem innewohnenden großen Geheimnis ihrer wahren Seelenqualität zum Ausdruck zu verhelfen. Sie brachte mich mit weiteren Facetten meiner Lebensaufgabe in Kontakt.

In einem dieser Kurse lernte ich einen Teilnehmer kennen, der ein Altersheim leitete. Es stellte sich heraus, dass er für die sterbenden Bewohner eine Begleitung suchte.

Nun führte mich der nächste Schritt zu den alten Menschen, die dabei waren, ihre „Heimreise" anzutreten. Ich fand überwiegend verwirrte Bewohner vor, die nicht mehr direkt anzusprechen waren. Für sie schied die Möglichkeit aus, nicht bereinigte Seelenzustände zu klären. In diesem neuen Raum meiner Arbeit begegneten mir die Engel, die mir als Kind so vertraut waren. Sie tauchten völlig unvermutet in ihrer strahlenden Schönheit auf, dass mir nur stille Ergebung möglich war. Mitzuerleben, dass niemand von uns auch nur einen Augenblick allein ist, ließ mich Frieden schließen mit den Situationen, in denen manche Patienten mutterseelenallein zu sein schienen, warme menschliche Kontakte entbehrend.

Einfach nur da zu sein, als Gefäß der Liebe, das war meine Aufgabe. Die Engel leiteten mich an, den Sterbenden leise Melodien zu tönen, die aus meinem Herzen flossen. Dies beruhigte sie und förderte den Prozess des Loslassens.

Ich lernte auf eindrucksvolle Weise, wie wenig die Bilder, die wir uns von Menschen machen, mit ihrem tatsächlichen Wesen übereinstimmen.

Eines Nachts wachte ich von solch gleißend hellem Licht auf, dass ich erschrocken die Augen aufschlug. An meinem Bett saß ein Lichtwesen von solcher Schönheit, dass ich es nicht in Worte fassen kann. Dieses Wesen übermittelte mir, dass in dieser Nacht eine Patientin stürbe, die auf mich stets einen mürrischen und verbitterten Eindruck gemacht hatte.
Wie erstaunt war ich, als sich herausstellte, dass sie selbst in ihrem Seelenkleid an meinem Bett saß und mir für meine Begleitung dankte. Diese Begegnung wird mir unvergessen bleiben. Sie lehrte mich, weiter zu üben, meine Bilder und Vorstellungen über andere Menschen immer wieder loszulassen. Das Engelwesen an meiner Seite umarmte mich liebevoll.

Am nächsten Morgen fand ich die sterbliche Hülle der alten Dame vor, die in dieser Nacht verstorben war.
In der darauffolgenden Nacht hatte ich einen Traum, in welchem ich noch einmal die Qualität der Liebe, die frei von Bildern und Bewertungen ist, erfuhr. Ich erblickte vor dem Bahnhofsgebäude einer Großstadt eine Gruppe suchterkrankter junger Menschen. Einer von ihnen starb an einer Überdosis Heroin. Dieses Erleben erschütterte mich tief und meine Gedanken waren: „Solch ein junger Mensch voller Leben ruiniert sich und verwirkt seine Chance auf Entwicklung."
Die Seele des jungen Mannes löste sich aus seinem Körper und wurde als Lichtgestalt sichtbar. Dieses Wesen wurde von vielen anderen Engeln begleitet. Sie schlugen mir vor mitzureisen, um zu erfahren, wo diese Seele hinstrebte. Gemeinsam glitten wir durchs Universum, bis wir an einen „Ort" unvergleichlicher Schönheit kamen. Viele in Regenbogenfarben strahlende Lichtkugeln zeigten sich mir, die den Anschein erweckten, zu einer einzigen großen Kugel werden zu wollen. Die Seele des jungen Mannes war inzwischen zu einer gleißend leuchtenden Kugel geworden, die sich mit allen anderen verband, so wie ich es vermutet hatte. Sie war von unaussprechlicher Schönheit. Der Engel unterwies mich mit folgender Gedankenschwingung:

„Was Du als einzelne Kugeln wahrgenommen hast, waren unzählige, vollkommene Bewusstseinsformen dieser Seele aus den unterschiedlichsten Ebe-

nen menschlichen Seins. Die von Dir mit Erschrecken beobachtete Situation war genau der Teil an Erfahrung, die zur Totalität seiner Ganzheit fehlte."

Am nächsten Morgen erwachte ich – dieser kosmischen Reise gegenwärtig, tief berührt und bereit, mich weiter in Wertfreiheit zu üben.

Der Engel an unserer Seite

*Ihr Wesen aus Licht,
unsere irdischen Augen, sie sehen Euch nicht.
Doch unser Herz hört Euren Klang,
nicht endenden Lobgesang.
Gesandte Boten aus himmlischem Reich,
Ihr stützt, liebt und heilt alle gleich.
Den Reichen und Armen,
den Kindern und Alten,
den Kranken und Jungen
gilt Eure Nähe, gilt Euer Tun.
Ihr Liebenden werdet solange nicht ruhen,
bis alle es singen,
bis jeder es weiß:
Wir sind das Eine,
Lob, Dank und Preis.*

Im Land der Väter

Obwohl auf so vielen Ebenen meines Lebens eine dynamische und freudige Entwicklung stattfand, machte „etwas" in mir immer wieder Kontakt mit den nicht ausgedrückten Gedanken- und Gefühlsmustern meines Vaters. Als Erstgeborene lag wohl der Schwerpunkt meines Ausdrucks unbewusster Potenziale im väterlichen Bereich. Es fiel mir auf, dass ich immer wieder dazu neigte, väterliche Lebenshaltungen ins Bild zu setzen, die alles andere als aufbauend waren.

An manchen Tagen umwölkte Traurigkeit meine Seele, die aus unergründlichen Tiefen aufstieg. Dieser Magie wollte ich auf die Spur kommen. Ich bat meine „innere Stimme" um Hilfe:

Reise als Beobachterin in das Land Deiner Väter, dort wo der Krieg gegen das Leben weitergeführt wird. Ich werde Dich zu den elementaren Erfahrungen führen, die die Seelenlandschaften Deines Vaters und Deiner Großväter geprägt haben.

Sie stehen vor Deiner Lebensfreude und Leichtigkeit und irritieren Dein Vertrauen in das Leben. Erforsche diese Welten. Erlaube dem, was Du findest, freien Ausdruck, um Dich im nächsten Schritt davon zu lösen.

Das sind die Sekunden, in denen wir kurz spüren, wie es war für den Vater, einfach nur, um tiefes Mitgefühl zu entfalten, um es fließen zu lassen und den Anderen zärtlich zu berühren.

Spür diesen Liebesstrom. Du bist eins mit Allem, was ist. Lass jede Zelle in Dir vor Freude über diese Wahrheit singen.

Richte Dein Herz auf das, was diese Menschen erlebt haben, und kehr in den Raum der kindlichen Unschuld zurück, in dem jeder von Euch geborgen ist.

Im Land der Väter glühte der Himmel vom Feuer des Krieges und des Zorns, verbrannte Erde trug das Entsetzen bizarrer Landschaften, in denen Angst und Tränen in atemloser Stille gefangen waren. Ihre Seelen hingen wie Schatten in verkohlten Bäumen. Niemand wusste mehr von Freude und Lachen. Ströme von Blut tränkten den Leib der Erde, die ihre toten Kinder klagend in sich begrub. Hass und Grauen in verwirrten Herzen schauten aus Fenstern von sprachlosen Augen. Eine große Stille säumte den Horizont, der endlos zu schweigen schien. Diese Menschen vertraute ich dem unaussprechlichen Geheimnis der Liebe an.

Die traumatisierenden Kindheitserfahrungen meines Vaters und die zerstörerisch wirkenden Kriegserlebnisse hatten ihn zu der Überzeugung kommen lassen, sich vom Leben bedroht zu fühlen. Seine kindlichen Erfahrungen mit väterlicher Gewalt vernichteten seinen Glauben an den eigenen Wert, und der fehlende mütterliche Schutz schmälerte sein Urvertrauen in das Leben. All dies hatte durch ihn kaum persönlichen Ausdruck gefunden und sich in der Sprachlosigkeit auf dem Grund seiner Seele ausgebreitet.
Wie dunkle schwere Wolken lagen diese alten Gemütslagen auf meiner Seele. Es war für mich von elementarer Bedeutung, diese väterlichen Strukturen, die sich mit meinem Unbewussten verknüpft hatten, zu entlassen und diese Heilung durch den unendlichen Strom der Liebe auf Vater, Großvater, Urgroßvater und all die Menschen, die Ähnliches erfahren hatten, auszudehnen.
Es ist ein physikalisches Gesetz, dass Energie nicht verloren geht. Energiefelder mit dererlei Wirkungen aus längst vergangenen Ursachen bedürfen der Umwandlung, um sie erneuert voller Leben und Freude dem Einzelnen, seinem Familienverband – dem Clan – und dem Kollektiv aller Menschen zur Verfügung zu stellen.

Mich trug das tiefe Vertrauen, dass wir in unserem Kern unzerstörbar sind. Durch die Arbeit mit dem Hologramm, die ich aus all diesen Erfahrungen entwickelt habe, wuchs ein tiefes Verstehen für die Welt des anderen. Es ging darum, lernen zu dürfen: Da leuchtet ebenso strahlend die Sonne meines Gegenübers hinter den dunklen Wolken. Das ist für mich die tiefe Verbundenheit mit all den Menschen, die mir in meinem Leben begegnen: sie von dorther zu betrachten und nicht von ihren Verhaltensweisen her.
Die Verhaltensweisen eines Menschen kann ich durchaus konstruktiv kritisieren, niemals aber den Menschen selbst, denn er ist wie ich ein unendlich wertvolles Wesen. Für jeden einzelnen Schritt auf dieser wirklich abenteuerlichen Reise bin ich zutiefst dankbar.

In Würde tun

Meine „innere Führung" leitete mich an, weiter das Land der Väter zu bereisen und den kollektiven Energien zu erlauben, sich ins Bild zu setzen. So führte mich mein Weg folgerichtig in weitere Erfahrungsräume, wo ich dieser Frequenz nun auch im Außen begegnen konnte.

Als Volkshochschuldozentin begann ich, Menschen mit unterschiedlichen Behinderungen zu alphabetisieren. Mein zweitgeborener Sohn begleitete mich in dieser Arbeit und fand dadurch einen natürlichen Zugang zu diesen Menschen. Der Unterricht fand in den „Beschützenden Werkstätten" statt, die am Rande der Stadt, in der Nähe eines Stahlwerkes, gelegen sind.
Während des Zweiten Weltkrieges arbeiteten hier Kriegsgefangene und Menschen verschiedener Nationen unter unwürdigsten Bedingungen. Viele von ihnen fanden den Tod. Nur etwa 800 Meter von dieser Einrichtung entfernt liegt ein Friedhof, wo sich die letzte Ruhestätte dieser Menschen befindet. Der Raum, in dem der Unterricht stattfand und dem der Speisesaal angegliedert ist, sowie die Förderstätte für Schwerstbehinderte waren damals die Baracke eines Gefangenenlagers. An diesem Ort zu arbeiten hieß für mich, ihn zu balancieren. So sandte ich versöhnende Gedanken in diese Räume und ihre Umgebung, damit auch hier ein Land neuen Lebens entstehen konnte.

In den Kursteilnehmern fand ich lernfreudige und offene Menschen. Sie schulten meine Kreativität, ihre Kanäle für Wissensvermittlung gemeinsam mit ihnen zu entdecken und zu gebrauchen. Eines Tages trat die Leiterin der christlich geführten Einrichtung an mich heran und unterbreitete mir den Vorschlag, ein neues Modell, eine Wohngemeinschaft für behinderte Menschen, zu leiten. Sechs Erwachsene unterschiedlichen Alters und Geschlechts galt es, in ihrer Freizeit zu begleiten und mit ihnen die häusliche Gemeinschaft zu teilen.
Meine Aufgabe bestand darin, diesen jungen Leuten lebenspraktische Seiten zu vermitteln, deren Umsetzung anzuleiten und sie in ihrer seelischen und geistigen Entwicklung zu fördern und zu unterstützen. Fehlende familiäre „Nesterfahrungen", die Sicherheit, Geborgenheit

und Angenommensein vermitteln, galt es in der sich findenden Gemeinschaft anzusiedeln, um eine kontinuierliche Nachreifung im Einzelnen zu ermöglichen.

Mir wurde ein halbes Jahr Probezeit vorgeschlagen, in dem meine Arbeit im Altenheim und die alte Wohnung aufzugeben waren. Wie es nach dieser Zeit weitergehen würde, blieb offen. Ich wandte mich an meine „innere Führung":

Vertraue und lass los. Du musst nicht wissen. Gehe diesen Schritt ohne eine weitere Zusage. In dem Maß, wie Du vertraust, wird Dir gegeben. Lass Dich vom Strom der Liebe tragen. Gehe durch diese offene Tür, um scheinbares Neuland zu betreten. In den Dir anvertrauten Menschen wirst Du all die Aspekte Deiner Seele finden, die Du in den zahlreich verletzenden Erfahrungen Deines Lebens davongetragen hast.

Ebenso werden Dir die verdrängten Seiten Deines Clans und des Kollektivs begegnen, die aufgrund herrschender gesellschaftlicher Gegebenheiten und Erziehung in die Tiefen der menschlichen Seele abgedrängt werden mussten, wo sie ein zerstörerisches Eigenleben führen, was sich nach liebender Annahme sehnt.

Würde die Menschheit erkennen, dass all das Verdrängte, Ungeliebte und Gehasste ihrer selbst sie aus den Augen solcher Wesen anschaut und nach Heilung und Balance ruft, würde sie umkehren und ihrem Gegenüber danken, diese Seiten im eigenen Inneren heilen zu dürfen, um wirklich jede Form menschlichen Lebens zu achten und zu lieben.

Eure Gesellschaft ist erst seit geraumer Zeit bereit, sich dem Schwachen, Entstellten, Desorientierten und behinderten Menschen zuzuwenden. Hinter Euch liegt die vernichtende und menschenverachtende Erfahrung des Zweiten Weltkrieges und des Nationalsozialismus. Aus den Abgründen der menschlichen Seele steigen immer wieder Kräfte auf, die gegen das scheinbar unwerte Leben wüten, es quälen und vernichten. Hier zeigt sich rohe Gewalt, verknüpft mit einem Herrschaftsanspruch, der seine Ableitung aus der vermeintlich elitären Substanz dieser Menschen zu finden glaubt. Der verdrängte menschliche Schatten ist überall dort als Quintessenz zu finden, wo sich einseitig polarisierende Kräfte ins Bild setzen, wie z.B. in Kriegen, in Gefängnissen oder in Konzentrationslagern. Dies ist in immer

wiederkehrenden Strömungen einmal um den ganzen Erdball anzutreffen.
Es ist kein Zufall, dass sich oft soziale Einrichtungen an Plätzen befinden, wo vormals das Grauen der Vernichtung tobte. Diese neue Aufgabe wird an Dich herangetragen, weil Du ihrer bedarfst, so wie diese Menschen Deiner bedürfen, um sich ihres wahren Selbst zu erinnern. Lass einen wertfreien Raum in Eurer Gemeinschaft entstehen, wo Einendes und Heilendes freigesetzt werden wird.

Mein „Ja" zu dieser neuen Tätigkeit brachte einen schmerzhaften Verlust mit sich. Der erstgeborene Sohn entschied sich, zu seinem Vater zu ziehen.

Übe Dich in der freilassenden Liebe,
die nichts für sich behalten möchte, sondern danach trachtet,
das zu geben, wodurch sich Dein Gegenüber
am ehesten mit seiner Seele in Übereinstimmung finden kann.
Das ist die Grundlage jeder Beziehung,
wo Liebe das tragende Element ist.
Spüre Deine Trauer und Deinen Zorn.
Deine Emotionen werden Dich an Stellen führen,
wo Du Dich im eigenen Inneren
vom mütterlichen Schatten umfangen fühlst.
Dieser Weg führt Dich zu noch tieferer Selbst-Bestimmung.

Ich empfand große Verzweiflung, die mich erkennen ließ, dass es hohe Zeit war, meinen Sohn aus dem ungesunden Teil meiner mütterlichen Bindung zu entlassen.
So führten mich meine Gefühle, verlassen worden zu sein, zu Ebenen meines Inneren, die im Verzicht lernen durften, dass Liebe und Freiheit Hand in Hand gehen. Einige Monate später sandte er mir eine Karte, auf der zu lesen war:
„Wenn Du etwas liebst, setze es frei. Wenn es zurückkehrt, gehört es zu Dir, wenn nicht, hat es nie zu Dir gehört." Zwei Jahre später durften wir ihn wieder in unserer Gemeinschaft willkommen heißen. Aus tiefster Seele danke ich meinem Sohn für diese Schulung.

Die Erfahrungen, die ich in diesem neuen Feld sammeln durfte, schulten mich tiefer in aktivem Mitgefühl, Achtsamkeit und Annahme dessen, was wahrhaft ist. Von den Heilungsengeln erhielt ich in meiner Arbeit wertvolle Impulse, die mich lehrten, noch tiefer den Augen des Herzens zu vertrauen und hinter die mich umgebenden Wirklichkeiten schauen zu lernen, wo die Essenz des Einzelnen in seiner Kostbarkeit leuchtete. Eine zentrale Erfahrung war die der Ebenbürtigkeit, wo mir diese Menschen zeigten, wie viel mehr Zugang sie zum unmittelbaren Sein hatten, weil ihnen ihr Intellekt mit seinen zahllosen Gedankenmodellen nicht hinderlich im Weg stand.
Das unmittelbare Leben ihrer Gefühle machte sie authentisch. Hierin waren sie mir großartige Lehrer, die mich in Ehrlichkeit mir selbst gegenüber schulten. Ihr unverstelltes Wahrnehmen-Können subtiler Gefühlslagen ließ sie offen ausdrücken, was sie empfanden. Während ich mich mitunter über mich selbst täuschte, waren sie es, die es bemerkten und zur Sprache brachten.
Durch diese Menschen kam ich auf ganz anderen Ebenen als bisher mit meinen innewohnenden Verletzlichkeiten in Kontakt. Die sich mir bietenden Chancen nahm ich wahr und überließ mich dem heilenden Geschehen in meinem Inneren. Diese Wesen befreiten mich von meinen Vorstellungen, meine Aufgabe betreuend wahrzunehmen, in der Rolle als Jugendleiterin. Stattdessen ließ ich mich darauf ein, das Leben mit ihnen zu teilen. Dadurch wuchs meine und ihre natürliche Autorität, die wesenhaft in jedem von uns ins Leben strebt.
Tiefe Achtung vor ihrem Sosein entfaltete sich still in mir und ermutigte mich, meinen inneren Behinderungen liebend zu begegnen.
Jedes Mitglied dieser Gemeinschaft spürte intuitiv, welche persönliche Medizin notwendig war, um anstehende Probleme aus der eigenen inneren Kompetenz lösen zu können. Ich durfte sie lediglich daran erinnern und im Täglichen darauf achten, dass sie dies als einen zu sich gehörenden Teil ihrer inneren Weisheit wahrnahmen.
Diese Gruppe hat mein Leben durch die Tiefe ihrer Liebe unendlich beschenkt und mich an der Schönheit und dem Reichtum jedes Einzelnen teilhaben lassen.

Innerer Reichtum

In Euren Augen meine eigne Armut schauen.

*Die Angst zu riechen,
meinen verlorenen Wert noch tiefer zu spüren.*

*Meine verborgene Hilflosigkeit
wie wankenden Boden unter den Füßen zu spüren.*

*Aushalten – dableiben – nicht fortlaufen,
mich nicht weiter täuschen über mich.*

*Mein Nacktsein fühlen,
mein Frieren im Zittern wahrnehmen.*

*Befreiendes Lachen, spielendes Kind,
zweckfreies Sein.*

Das bin ich auch.

*Meine Seele erhebt sich
und schüttelt dankbar ihr Verstecken ab,
erkennt ihre Würde im einfachen Sein.*

*Dank Euch Schwestern und Brüdern,
die Ihr meine Hand nahmt und mein Herz führtet,
den Reichtum meiner Armseligkeit zu entdecken.*

Einendes und Heilendes

Im Äußeren strebte ich danach, die Zen-Meditation in Erfahrung bringen zu können. Ein Mensch, der mir leuchtendes Beispiel war, ist Pater Hugo M. Enomiya Lassalle. Als Jesuit ging er den Weg des Zen. Mehr als vierzig Jahre lang übte er unter mehreren Zen-Meistern in Japan und wurde der erste christliche Zen-Meister.

Wie niemand zuvor verstand er es, den Christen den Weg der Stille durch die Zen-Meditation und -Praxis nahe zu bringen. So ebnete er Wege zur Synthese zweier Kulturkreise, die sich auf unterschiedliche Weisen dem Göttlichen nähern. Er vermochte es, wieder Türen zur christlichen Mystik zu öffnen, die lange Zeit den „westlichen" Menschen verschlossen geblieben waren. Seine Kernaussagen haben mich auf meinem Weg zutiefst unterstützt.
Die heutige Bewegung hin zum Buddhismus und zur Zen-Praxis zeigen eine tiefe Sehnsucht der Menschen, in die Stille einzutauchen, in das „Einssein" mit Gott, um sich rückzubinden, den Weg in die eigene Mitte zu finden.
In der Ähnlichkeit christlicher und östlicher Mystik finden sich gemeinsame Wurzeln des uns tragenden Urgrundes.
Den verlorenen Traum meines Vaters, Mystiker zu werden, fand ich in meinen Spuren wieder, die tief in der Mystik verwurzelt sind.

Ebenso sind für mich Hildegard von Bingen und Theresia von Avila leuchtende Gestalten am Weg; sie wussten um ihre visionäre und prophetische Kraft und gingen in der Mystik auf. Meine „innere Führung" leitete mich zu einem Kloster der näheren Umgebung, wo sich mir die Gelegenheit bot, weitere Formen der Meditation kennen zu lernen. Diese Erfahrungen praxisbezogen mit anderen Menschen umzusetzen, erweiterte meine Möglichkeiten, in Seminaren meditative Elemente mit einzubeziehen. Freudig ließ ich mich auf diese Ausbildung ein, die mir ein breites Spektrum meditativer Übungswege vermittelten und die Grundlage schufen, andere Menschen in Meditation auszubilden. Ein großer Gewinn lag in Übungen, die aus dem Zen stammten. Ich erfuhr praxisnah, wie spirituelle Übungspfade eines anderen Kulturkreises sich mit dem mir vertrauten Weg christlicher Mystik verbanden. Von Seiten des klösterlichen Ausbilders wurde uns Schülern ein Erfahrensraum geöffnet, der frei von jeder religiös-dogmatischen Zuweisung blieb.

In mir lebte die Gewissheit, dass Heilen durch Handauflegen „wesenhaft" zu uns gehört. Hatte Jesus nicht beispielhaft an anderen in dieser Art gehandelt? Während der Ausbildung zur Meditationslehrerin wollte ich mir in der Mittagspause auf meinem Zimmer eine Tasse Kaffee zubereiten. Ich verhakte mich mit meinem Wollpullover in der Klemme des Tauchsieders und goss mir siedend heißes Wasser über meinen linken Oberarm. Mich peinigten entsetzliche Schmerzen und meine Gedanken suchten nach sofortiger Hilfe. Aus meinem Innern sprach es aus absoluter Stille:
„*Hab keine Angst, während Du Deine Schmerzen spürst. Vertraue und beruhige Deinen Geist. Halte Deine rechte Hand im Abstand von zehn Zentimetern über die verbrühte Stelle und atme den Schmerz aus.*"
Nach einer halben Stunde begannen die Schmerzen abzuklingen. Vorsichtig zog ich meinen Pullover aus. Die Haut war zartrosa, von der Verbrühung war nichts mehr sichtbar und fühlbar. Tiefe Dankbarkeit vor der unaussprechlichen Größe der uns innewohnenden heilenden Kräfte durchflutete mich.

Das, was Dir wie ein Wunder vorkommt, ist das,
dessen Ihr alle teilhaftig werden könnt,
wenn Ihr Euren menschlichen Geist beruhigt
und frei von jeder Vorstellung
aus der Autorität Eures wahren Wesens handelt,
weil Ihr eins seid mit der Kraft.

Heilende Vollmacht

Die Flamme der Liebe durchströmt Herz und Sinn.

Den Händen gehorchend geben sie Heilung des

„Ich bin".

Dank auf den Lippen, vom Munde geformt

erfahren wir Vollmacht und Kraft.

Erinnerung, die uns Wesen-haft macht.

Zum Geschenk werden

In meiner Herkunftsfamilie fanden sich in Wiederholung gehende Krankheitsbilder von Herz- und Kreislauferkrankungen, und das Krankheitsbild Krebs zeichnete seine Spuren. In ihnen lagen Hinweise, die zugrunde liegenden Informationen im Familiensystem verstehen zu lernen.
Meine „innere Führung" leitete mich in eine ägyptische Erfahrung hinein. Das war zunächst sehr befremdlich für mich, einfach deshalb, weil ich nie zuvor in diesem Kulturkreis war. In dieser inneren Reise, die symbolhaft zu mir sprach, erlebte ich mich als Zwillingsschwester meiner heute jüngsten Schwester Christiane, die fünfzehn Jahre nach mir geboren wurde.
Uns verbindet ein inniges Band von Liebe. In der Stille der Meditation empfing ich folgende Worte: *„Bist Du bereit, ganz für das Leben Deiner Schwester einzutreten?"* Tief betroffen kehrte ich aus der Meditation zurück. Es gab für mich ohne jeden Zweifel ein klares „Ja", obwohl mir jegliche Vorstellungen fehlten, in welcher Form dies von mir einzulösen sei. Ich übte mich im Vertrauen, dass sich der Zeitpunkt meiner Zusage zeigen würde.

Meine jüngste Schwester erwartete ein Baby. Überglücklich suchte sie gemeinsam mit ihrem Mann bei mir um die Patenschaft des Ungeborenen nach, was mich reich beschenkte.
Mitten in der Vorfreude auf das neue Leben ereilte meine Schwester die Gewissheit, dass sie an akuter myeloischer Leukämie erkrankt sei. Dieser Erkrankung wird statistisch betrachtet 0,01% Heilung eingeräumt.

Tief betroffen fiel mir mein Versprechen ein, das ich meiner „inneren Führung" gegeben hatte. Seitdem waren zwei Jahre ins Land gezogen.
„Nichts ist unmöglich. Erschrick nicht vor der Krankheit Deiner Schwester, vielmehr sei ohne jeden Zweifel, dass sie gesunden wird.
Es braucht nur Dein klares „Ja" und Dein vollkommenes Vertrauen. Sei einfach nur da, lass Dich führen und begleite sie auf ihrem Weg."

Ich bat um Beurlaubung meiner Tätigkeit für ein Jahr, um ganz an ihrer Seite sein zu dürfen.

„Kopiere aus einem medizinischen Fachbuch die Seite, auf der diese Krankheit beschrieben wird und ersetze das „0,01%" durch das Wort „heilbar". Ich möchte, dass Du Deine Schwester wissen lässt, dass jede Krankheit heilbar ist. Um über das Wasser zu gehen, gebraucht Euer Vertrauen und lasst der Angst keinen Raum. Denn wo Liebe ist, ist keine Furcht."

Die Seite aus dem Fachbuch kopierte ich und ersetzte die „0,01%" durch das Wort „heilbar". Mit einer vergrößerten und gerahmten Seite brachte ich meiner Schwester diese Kernaussage: akute myeloische Leukämie – heilbar. Mit ihrem Einverständnis fand das Bild an der ihr gegenüberliegenden Wandseite Platz, gut lesbar.

Von dem Ungeborenen hieß es für meine Schwester Abschied zu nehmen, ein unendlich schmerzhafter Schritt. Diesem Wesen gilt tiefster Dank, denn durch sein Erscheinen wurde diese Erkrankung im Anfangsstadium entdeckt.

In der Meditation erfuhr ich in der Stille des Pfingstsonntags:
„Du trägst ein Kind aus Licht in Dir und ich selbst werde Zeuge sein."
Ich verstand diese Botschaft nicht, vertraute aber, dass sie sich zu gegebener Zeit offenbaren würde.

Die Ärzte dachten über eine Knochenmarkspende nach. Von der zweitgeborenen Schwester und mir wurden Typisierungen vorgenommen. Mein Knochenmark hatte 100%-ige Übereinstimmung mit dem meiner Schwester und war in allerbestem Zustand. Nicht eine Spur der ehemals vernichtenden Knochenmarkserkrankung war zu finden. Mir fiel es wie Schuppen von den Augen: Das also war das Lichtkind.

Dass unser Knochenmark wie das von eineiigen Zwillingen übereinstimmte, ließ mich an die ägyptische Reise denken. Von der Handschrift dieser allumfassenden Liebe zutiefst beeindruckt, unterzog ich mich der Knochenmarkspende. Unserer Familie möchte ich an dieser Stelle noch einmal für ihre unerschütterliche Liebe und Unterstützung in dieser Zeit danken. Jeder Einzelne war unersetzlich beim Knüpfen dieses Netzes, dessen Fäden aus Liebe gesponnen wurden. Für mich war es eines der größten Geschenke, die ich je in meinem Leben machen durfte. Worte vermögen es nicht ausreichend auszudrücken, so dass nur die Stille des sich in Dank erhebenden Herzens bleibt.

Ich durfte durch meine Schwester Christiane erfahren, wie überreich die Freude ist, mein Leben im wahrsten Sinn des Wortes zu teilen. Sie ist seit über 15 Jahren *Kern*-gesund und bezeugt durch ihre Freude die Großartigkeit des Geschenks – Leben.

Für meine Schwester Christiane

*Du kostbare Blüte,
gewebt aus dem Herzen des Lichts.*

*Deine nackten Füße spüren
den Boden der Erde,
die Dein Gehen schützt und
Deinen Leib nährt.*

*Die Flügel der Morgenröte
umfahren Deine Schultern
und weben ein Tuch
bis an Deinen leuchtenden Beginn.*

*In Dir erklingt Dein
Lied und leise beginnst
Du zu singen.
Dein Lachen hallt als
Echo der Freude
auf dem Grund deiner Seele,
die ins Leuchten geraten
ist.*

Wie schon meine Ahnin Franziska wegweisend für mein Leben war, so war es auch meine jüngste Schwester Christiane. Die Erfahrungen des Miteinander-Leben-Teilens haben mir gezeigt, wie elementar es in unserer Familie um die Erneuerung der Lebensenergie auf so vielen Ebenen geht und welch neue Botschaft sich durch die folgenden Generationen ihren Weg bahnt: Wähle das Leben – in seiner ganzen Fülle und Freude!

Wähle das Leben

I.
Meine Großmutter Gertrud wiegt bei ihrer Geburt drei Pfund. Ihre Mutter, meine Urgroßmutter, zieht das kleine Wesen in einem mit Ziegelsteinen gewärmten Waschkorb groß und setzt sich völlig für ihr Überleben ein.

II.
Meine Mutter gibt gemeinsam mit ihrer Mutter alles, um mein junges Leben zu erhalten.

III.
Am Lebensbeginn meiner beiden Söhne lenke ich meine ganze Aufmerksamkeit in die Erhaltung und Erneuerung ihrer Lebensflamme.

IV.
Meine jüngste Schwester Christiane wählt das Leben noch einmal neu. Ich darf sie dabei auf allen Ebenen unterstützen und das nun vollständig gesunde Knochenmark mit ihr teilen.

Teil 5: Die Ebenen menschlichen Seins

Der Mensch – Wesen zweier Welten:
Der Geist in der Materie

An dieser Stelle möchte ich Ihnen folgende Erfahrungen anreichen, wie aus meiner Sicht unser Leben auf mehreren Ebenen gleichzeitig stattfindet.

Unser menschliches Leben bildet sich in verschiedenen Ebenen ab. Wie ein Baum in der Erde verwurzelt, im Stamm aufstrebend in die Krone, die er dem Himmel entgegenstreckt, ist der Mensch Wesen zweier Welten, die doch eine ist. Er ist gleichermaßen auf der metaphysischen als auch auf der physischen Ebene zu Haus. Er ist ein immaterielles – und ein materielles Wesen. Diese Ebenen sind im Hier und Jetzt als Gegenwart erfahrbar. Gleichzeitig wird der Mensch jedoch auch aus Potenzialen der Vergangenheit gespeist. Im Schnittpunkt von Vergangenheit und Zukunft entsteht Gegenwart.

Die erste Ebene menschlichen Lebens zeigt sich in den Abbildungen des täglichen Lebens zu den grundsätzlichen Lebensfragen.

I. Ebene:
Der Mensch in seiner sozialen Realität

- Das soziale Feld des eigenen Lebens – Partnerschaft, Familie, Freundschaften, gesellschaftliche Kontakte, der Kulturkreis

- Wohnen – Landschaft – Dorf – Stadt – andere Wohnlandschaften – Bundesland

- Freizeitgestaltung – soziales Engagement

- Arbeit – Beruf – Berufung

- Wohl-Stand

- Ungelöste Konflikte – Hindernisse – Wiederholungen

- Krankheiten – Unfälle – existenzielle Schwierigkeiten

- „Brüche" – Unterbrechung oder Verlust des roten Lebensfadens

- Fenster der Möglichkeiten – unentdeckte Potenziale und Ressourcen

II. Ebene
Der Mensch als Wesen zwischen Himmel und Erde

Die Seele ist ein Feld, das sich unendlich ausdehnt. Sie ist es, die den Leib komponiert, aus der Kraft des „Ich bin". Unter dem Leib ist die gesamte Essenz des Wesens Mensch zu verstehen, die bis in alle Ebenen des Universums hineinreicht, also weit mehr als der Körper des Menschen. Der Leib ist wesenhaft anwesend und kommuniziert mit allen Ebenen des Seins gleichzeitig. Alle Signale und Signaturen wirken in diesem Leib in einer Fülle von Informationen und ständigem Austausch. Hier äußert sich der Fluss des Lebens in seiner Gesamtheit. In seiner jetzigen Inkarnation ist der Körper das Reisegefährt der Seele für ihre Lebensthemen dieses Kulturkreises und ihrer jeweiligen Epoche. In ihm sind alle Informationen des Seelenfeldes gespeichert. Er ist so etwas wie eine lebendige Bibliothek und über seinen Leib mit dem Ganzen, dem Großen Unnennbaren, dem Prinzip allen Lebens verbunden. In seiner Multidimensionalität nimmt das Menschsein eine einzigartige Facette kosmischen Bewusstseins ein. Die Aborigines sprechen in diesem Zusammenhang von dem „Traumkörper" und der „Traumzeit".

Aus der ständigen Bewegung des Lebensflusses in seiner Gesamtheit und Wirkung zu allem, was ist, entstehen Synchronizitäten, d.h. der innere Zustand entspricht grundsätzlich dem äußeren – wie innen, so außen. Der Leib als Feld hat eine Qualität, wie er die Essenz aller Erfahrungen des Seins in seiner Multidimensionalität beheimatet. Alle Aspekte wirken akausal aufeinander ein und sind nicht kausal-linear begrenzt. So können die unterschiedlichen Teile kommuniziert werden und öffnen den Blick auf das Ganze. Dieses ist immer mehr als die Summe aller Teile. Hier sind fließende Übergänge in transzendente Erfahrungen möglich. Der Mensch erhält also aus den ihn umgebenden Gegebenheiten seiner sich abbildenden Wirklichkeiten Informationen, mit all ihren Facetten – Ebene I. Diese stellt sich in seiner sozialen Gegenwart dar. Gleichzeitig ist er in den immateriellen Dimensionen verankert. Der Mensch ist ein Wesen zwischen Himmel und Erde. Hierbei handelt es sich um die Ebene II.

III. Ebene
Der Mensch auf den metaphysischen Ebenen – Schöpfungsebenen

Auf diesen Ebenen entwirft die Seele ihre Visionen und Baupläne. Da alles gleichzeitig geschieht, kommt das, was der Mensch aus seinem Seelen-Bewusstsein erschafft, als Abbildung in die materielle Welt – die ihn umgebende Realität. Trifft der Mensch eindeutige und klare Entscheidungen auf dieser Ebene, so ist er mit der Quelle allen schöpferischen Seins verbunden. Er erschafft aus und mit dem Prinzip lebendiges Sein – als Mitschöpfer/in.
Da, wo das Herz des Menschen ist, da ist auch sein Schatz.
Wenn Jesus also sagt: „Alles, was ihr auf Erden binden werdet, wird auch im Himmel gebunden sein, und alles, was ihr auf Erden lösen werdet, wird auch im Himmel gelöst sein", so sind genau diese Ebenen gemeint, wo der Mensch, in einzigartiger Weise Baumeister, seine Welten erschafft. Jesus sagt:
„Im Hause meines Vaters sind viele Wohnungen."
Der Mensch in seiner Mehrdimensionalität webt und kreiert immer auf zwei Ebenen gleichzeitig seine Wirklichkeiten, wie im Himmel, so auf Erden.
So ist es von großer Bedeutung, das Seelenfeld lesen zu lernen, um es von Wirkungen zurückliegender destruktiver Erfahrungen zu bereinigen und zu entknüpfen. Alles, was der Mensch auf der immateriellen Ebene erschaffen hat, wirkt sich in seinem Leben, im Hier und Jetzt, aus. Die Gegenwart wird aus einer bereinigten Vergangenheit gespeist und baut somit lebendige Zukunft.

Im eigentlichen Sein gibt es keine Zeit, sondern nur die ewig pulsierende Gegenwart. Vergangenheit und Zukunft fallen in einem Punkt zusammen und bilden das ewige Jetzt.

IV. Ebene
Die Seelenebene oder Seinsebene der gesamten Familie, bis hin zur Weltenfamilie – ihre gemeinsame Aufgabe und Vision

Die immateriellen Ebenen des Menschen beheimaten die eigenen persönlichen Kreationen, aber auch die der Vorfahren. Um also einen vollständigen Überblick über die Art und Weise, wie die eigenen Vorfahren ihr Leben ins Bild gesetzt haben, zu bekommen, ist es sinnvoll, deren Baupläne auf der immateriellen Ebene kennen zu lernen. Dabei werden die Strukturen sowohl in lebensaufbauenden als auch in lebensbehindernden Strukturen deutlich. Hier gilt es, die Verknüpfungen zum eigenen Leben zu entdecken und zu lösen. Jesus sagt: „Wenn auch nur eines eurer Glieder krank ist, so ist der ganze Leib krank."

Ein wesentlicher Teil menschlicher Werdung zum Ganzen hin ist es, das, was den Vorfahren in ihrer Zeitqualität unbewusst geblieben und nicht zur Reifung gelangt ist, mit lebenserneuernden Impulsen zu versehen und im Hier und Jetzt zu ankern. In einem gemeinsamen Geschehen, in das die Ahnen mit einbezogen werden, bahnt sich der Strom des Lebens durch die Generationen mit seiner Kraft und Lebendigkeit. Gemeinsame Ressourcen fließen in Synergie zusammen. Nichts geht verloren: „Die mit Tränen säen, werden mit Freude ernten." Die Vision des Familienclans, für die dieser Clan gemeinsam auf dieser Erde angetreten ist, gelangt so ins persönliche Bewusstsein.
Die zahlreichen Möglichkeiten, den menschlichen Bewusstwerdungsprozess gemeinsam voranzubringen, beginnen sich zu offenbaren.

Die vier Ebenen des Bewusstseins werden von der Schöpfungskraft des immerwährenden Seins permanent durchdrungen, so dass es zu einem fließenden Informationsaustausch innerhalb der Seelenfelder kommt. Nicht geheilte Potenziale vergangener Epochen sehnen sich ebenso wie nicht geheilte persönliche oder familiäre Felder nach Heilung und Balance.
Hieran wird deutlich, dass wir ein einziges Feld sind, das in verwandelnder Liebe zum Höhepunkt seiner Erfüllung heranreift.

Wir sind Webende und Gewebte zur gleichen Zeit, Träumende und Geträumte. Die Spirale des Lebens ist eine unendliche und ewige. Wir sind sie und werden von ihr und durch sie bewegt. Aus ihrer Essenz werden wir zu lebendigen Mitschöpfern einer neuen Welt, deren Botschaft bedingungslose Liebe ist.

In den Graphiken habe ich bildhaft versucht, die vier Ebenen unseres Bewusstseins für Sie greifbarer werden zu lassen.

In der ersten Graphik sehen Sie den Menschen als Ganzheit.

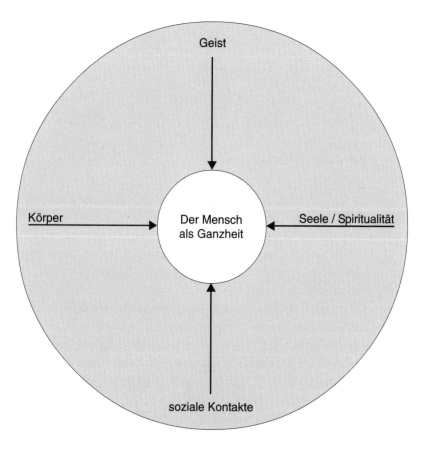

© 2009 Theresia Maria Wuttke

Der Mensch auf den verschiedenen Ebenen seines Bewusstseins

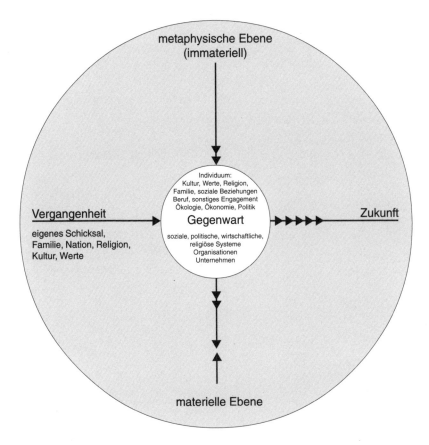

© 2009 Theresia Maria Wuttke

In dieser Graphik sehen Sie den Menschen in seinem Da-Sein auf der vertikalen Achse, als immaterielles als auch als materielles Wesen. In unserem Mensch-Sein sind wir zwischen Himmel und Erde gestellt. Die horizontale Achse stellt die Vergangenheit und die Gegenwart dar, hierhin gehört auch die Zukunft. In dem Nullpunkt des Koordinatensystems fließt die Gegenwart.

Das geschieht immer dann, wenn wir ganz aus unserem Kern, unserer Mitte schwingen. Aus meiner Sicht entfaltet sich die Gegenwart im Kreuzungspunkt der vertikalen und horizontalen Achse.

Der Mensch als Wesen mehrerer „Welten"

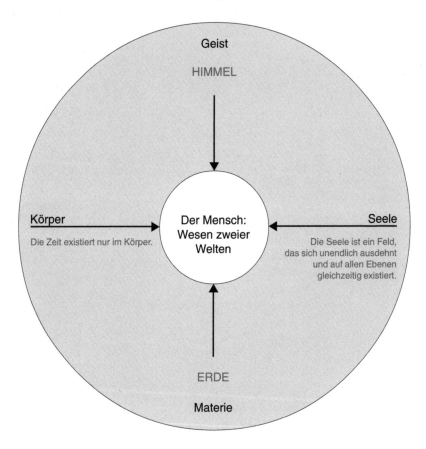

© 2009 Theresia Maria Wuttke

Ein Einblick in die verschiedenen Welten unseres Mensch-Seins: Mit „Welten" meine ich die verschiedenen Ebenen unseres Bewusstseins. Alle Ebenen unseres Bewusstseins stehen in permanenter und wechselseitiger Verbindung und im Austausch. Es erscheint mir unterstützend, wenn Sie die vier unterschiedlichen Ebenen in dem abgebildeten Koordinatensystem betrachten. Die vertikale Achse symbolisiert den Himmel und die Erde, den Geist und die Materie. Der Geist „spricht" sich in die Materie und bringt den Körper hervor: „Und das Wort ist Fleisch ist geworden." „Wie im Himmel so auf Erden."

In allen „Welten"

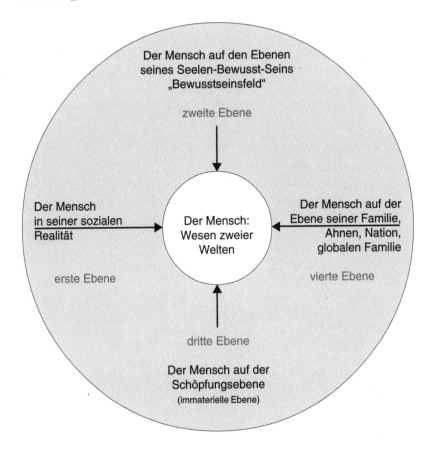

© 2009 Theresia Maria Wuttke

Diese Graphik geht noch einen Schritt weiter und zeigt die fließenden Verbindungen zwischen den einzelnen Ebenen auf.

Jetzt möchte ich Sie einladen, mit Hilfe der nächsten Seiten den Paradigmenwechsel zu verstehen, der sich vollzieht und an dem wir alle Anteil haben. Wenn wir verstehen, dass wir die Neue Welt tatsächlich selbst erschaffen, bekommen wir ein fundamentales Gefühl dafür, was es heißt: unsere Schöpfungsenergie bewusst einzusetzen.

ALTES DENKEN:

Haben, Tun, Haben

- „Hast du was, dann bist du was!"
- Orientierung im Außen
- Was ich haben kann, bestimmt meinen Wert.

Mythos der Objektivität:
- Ich glaube nur an das, was ich sehe und was beweisbar ist.
- Es kann alles gewogen und gemessen werden.

Mythos der Kontrolle:
- Teile und herrsche.
- Gehorsam und Unterwerfung
- Nicht sehen, nicht hören, nicht fühlen.
- Gesetzte Ziele müssen umgesetzt werden.
- Durch Intervention und Manipulation kann ich andere dazu bringen, zu tun, was ich will
  (Lob, Geld, Erfolg, Überforderung, Verletzen von Grenzen, Kränkung).

Mythos der Machbarkeit:
- Nur was ich will, zählt.
- Alles was ich will, kann ich erreichen.
. Alles ist machbar.
- Ich habe die Dinge im Griff.
- Ich weiß Bescheid.

NEUES DENKEN:

Sein, Tun und Haben
- „Ich bin."
- Leben aus der Mitte, in der Verbindung mit meinen Gefühlen, in Achtsamkeit und Bewusstheit vertrauensvoll in der Gegenwart Zukunft gestaltend

Erfahrenswissenschaft:
- Ich traue meinen eigenen Wahrnehmungen, Gefühlen und Erfahrungen.
- Ich vertraue meiner Intuition.

Vertrauen:
- Vertrauen in die eigene Mitte, in den eigenen Kern: Alles ist schon da in meinem Kern.
- Ich bin eins mit dem Leben, das immer ist.
- Alles fließt.
- In meinem Werden bin ich ein Teil des Ganzen, das ständig wird.
- Meine Authentizität, meine Wahrhaftigkeit sind mir Basis spendendes Fundament.
- Mitgefühl, Liebe und Wertfreiheit zu allem, was ist, erweitert meinen inneren Reichtum, den ich mit anderen teilen kann.
- Ich lebe meine Vision und bin in täglicher Mission.

Die Ethik des Lebendigen:
- Mein eigener Werde-Prozess ist die Basis für meine Entwicklung und meinen Erfolg.
- Ich erfahre das Prinzip schöpferischer Energie und handele bewusst daraus.

ALTES DENKEN:

Mythos des permanenten materiellen Wachstums:
- Mehr ist besser!
- Schneller, weiter, größer, höher!
- Fokus nur auf das Materielle, auf das Machbare
- Nur Leistung ist wichtig.
- Nur das Ergebnis zählt.
- Der kurzfristige Erfolg zählt.

Mythos des Stärkeren:
- Das Leben ist Kampf und jeder kämpft für sich allein.
- Nur die Besten überleben (Selektion).
- Ich bin wertvoller, wichtiger, größer, schöner, intelligenter ... als die anderen.
- Nur der Gewinner/Erfolgreiche zählt!
- Gewinner erfordern Verlierer!
- „Ich bin nicht meines Bruders Hüter!"

Mythos der Leistung:
- Ich muss mir alles erarbeiten, es wird mir nichts geschenkt.
- Durch Leistung bin ich „Jemand":
  im Beruf, in der Beziehung, bei meinen Eltern.

Ich bin mir nicht bewusst, wer ich in Wahrheit bin.

NEUES DENKEN:

Lebendiges Wachstum:
- Ich orientiere mich am Lebendigen.
- Ich erfahre, dass Wachstum rhythmisch und organisch ist und handele im Einklang damit.
- Ich beziehe bewusst mein gesamtes Lebensumfeld mit ein (Natur/soziales Umfeld/Freundschaften/Partner/ Kinder/...).
- Ich setze mich für das Prinzip der Nachhaltigkeit ein.

Bewusstes Handeln:
- Ich bin im Kontakt mit meiner Mitte, meinem Kern.
- Ich erinnere mich, wer ich in Wahrheit bin.
- Ich bin mir meines Wertes bewusst.
- Ich fühle den Reichtum meiner eigenen Individualität und bin mir meiner innewohnenden Kern-Kompetenzen bewusst.
- Jeder Mensch kann mich durch seine Einzigartigkeit bereichern.
- Ich erschaffe Win–Win-Situationen in meinem Leben.

Innerer Reichtum:
- Ich bin geboren, um mich in der Fülle meiner Möglichkeiten zu erfahren.
- Ich trage ein kreatives und schöpferisches Potenzial in mir.
- Meine schöpferische Intelligenz und Intuition erlauben es mir, ein erfolgreiches und sinnerfülltes Leben zu führen.
- Ich folge meinem inneren Reichtum. Alles ist da.

Ich weiß, wer ich bin:
- Meine Mitte ist Basis all meines Denkens, Fühlens und Handelns.
- Ich lebe meine wahre Größe.
- Und ich inspiriere andere, ihrer Mitte zu vertrauen.

Das alte Paradigma

Haben: Definiere Deine Ziele.
(Was willst Du haben? Wer willst Du sein?)

Tun: Handele auf Dein Ziel bezogen.
Mache Baupläne, definiere Zwischenschritte,
mache Aufwands- und
Kosten-/Nutzen-Berechnungen.

Haben: (anstelle der Seins-Ebene):
Du hast ein konkretes Ergebnis.

Glaubenssätze des alten Paradigmas

Haben: Ich bin der Macher.
Mir ist alles möglich.
Ich bin frei zu tun, was ich will.

Tun: Ich bin die Instanz, die kontrolliert.
Ich habe alles im Griff. Ich weiß Bescheid.

Haben: (anstelle der Seins-Ebene):
Ich bin, was ich habe
(Körper, Verstand, Beziehungen, Beruf, Besitz).
Ich erreiche alles, was ich will.
Alles richtet sich nach mir.
Ich bin der Gewinner, der andere ist der Verlierer.

Das neue Paradigma

Sein: Trete mit der **Seins**-Ebene in Kontakt.

Tun: Handele aus der **Seins**-Ebene.

Haben: Siehe, was geschieht.

Glaubenssätze des neuen Paradigmas

Sein: Die Baupläne, der Entwurf existieren schon.
In der Korrespondenz mit dem Unnennbaren,
dem **Prinzip allen Seins** geschieht
die Einstimmung auf das **Selbst**.
Unser Inneres und das äußere Universum streben
nach permanenter Verwirklichung und Vollendung.
Ich trage meine Lebensgeschichte und
die Geschichte meiner Vorfahren in mir.
Durch sie kann ich mir meiner Ressourcen
und auch Begrenzungen bewusst werden.

Tun: „Dein Wille" geschehe:
Ich vertraue auf das Große in mir –
auf meine „**Kern**-Kompetenz" (das **Selbst**).
Indem ich meine Begrenzungen transformiere
(umwandele), lebe ich „meine wahre Größe".
Ich entdecke meine Vision (Lebensbestimmung)
und gehe in Mission.

Haben: Ich bin Mitschöpfer/in des Prinzips.
Ich lebe meine Vision in täglicher Mission.
Ich handele mit dem Prinzip allen **Seins**.
Ich erschaffe Win-Win-Situationen,
alle gewinnen.

Neues Denken und Handeln

Being – Doing – Having

I am, what I am

Leben aus der Mitte

Paradigmenwechsel

Blick- und Richtungswechsel

Von innen nach außen

Wie innen so außen

Der persönliche Standpunkt wird von den eigenen Werten getragen,

der eigenen Mitte.

Die Motivation orientiert sich an der Ethik des Lebendigen.

Being – Doing – Having

Aus der eigenen Mitte heraus zu handeln,
von dem Ort des Bewusstseins, wo eine zeitlose Kraft herrscht,
dies stellt das tragende Fundament dar,
das Orientierung, Kraft, Sicherheit
und grenzenlose Freude vermittelt.

Zugang zum Pool der grenzenlosen, kreativen, schöpferischen Kraft

Ein natürlicher Wachstumsprozess beginnt,
der immer größere Kreise zieht.

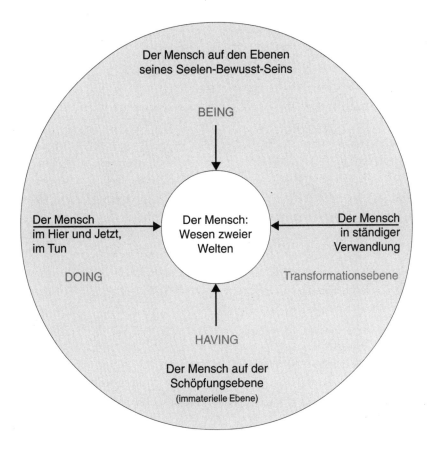

© 2009 Theresia Maria Wuttke

Wie innen so außen

Mein Berufsfeld erweiterte sich. An mich wurde die Aufgabe herangetragen, junge Menschen, die die Ausbildung zur/zum Jugendleiter/-in absolvieren wollten, praxisbezogen und fächerübergreifend zu unterweisen und zu unterrichten.
Meine gesammelten Erfahrungen als Seminarleiterin waren ein gutes Fundament. Erneut hatte ich die Gelegenheit, auf dieser Ebene mit jungen Menschen fachliche Kompetenz mit authentischem Selbstausdruck einzuüben.

Als mir von der Geschäftsleitung eine leitende, überregionale Aufgabe angeboten wurde, ließ mich mein Vorgesetzter wissen, dass er mich als Frau lieber in der Nähe meiner Familie, der Wohngruppe und den Praktikantinnen sähe. Es bestand kein Zweifel darüber, dass er meinen Schritt in Richtung Veränderung und Wachstum nicht billigte. Vielmehr unterstrich er meine fachlichen Qualitäten an meinem augenblicklichen Platz.
Noch einmal wurde ich zutiefst mit den patriarchalen Strukturen konfrontiert, die nicht im Einklang mit Ebenbürtigkeit im Miteinander und respektvoller Würdigung der Qualitäten im Anderen bestehen, sondern wo vielmehr hierarchisch Entscheidungen getroffen werden, ohne im Gegenüber einen gleichwertigen Partner des Lebens erblicken zu können.
Die mir zugewiesene Rolle als Frau in einem solch begrenzten Radius einzunehmen, widersprach meinem inneren Erleben von Würde und war nicht mit meinem Geburtsrecht auf freie Entfaltung in Übereinstimmung zu bringen.
Mich der durch meinen Vorgesetzten repräsentierten väterlichen Autorität zu beugen, wie zu Zeiten meiner Ausbildung zur Bankkauffrau, oder nach begonnenem Schulbesuch wieder den mir gesellschaftlich zugewiesenen Platz als Ehefrau und Mutter einzunehmen – dieses patriarchale Muster wollte ich nun endgültig aus meinem Leben verabschieden.

„Lebe Deine Wahrheit, spüre Deinen Zorn. Dein Zorn ist eine feurige Kraft, die Dich in die Lage versetzt, niemandem zu erlauben, Deine natürliche Autorität in Zweifel zu ziehen.
Halte Deine Liebe nicht zurück und beuge Dein Herz nicht dem Diktat des Tyrannen. Der Tyrann ist die Kraft, die Dir sagt, dass Du Deinem Herzen nicht trauen kannst.
So wie der Patriarch in Deinem Innern lernt, die Weisungen Deiner Seele ebenbürtig entgegenzunehmen, sie wertzuschätzen, ebenso kannst Du lernen, Deine innere Autorität im Außen glaubhaft zu vertreten.
Es geht darum, Deine Grenzen zu erweitern, herauszutreten, um Dich zu zeigen und Deine Wahrheit über Dich auszudrücken.
Deine Aufmerksamkeit wird in eine Richtung gelenkt, wo Du die Qualitäten Deines inneren Sehens und Hörens mit einer fachlichen Ausbildung verknüpfen kannst und, unabhängig von Vorgesetzten, Deine für Dich stimmige, wesenhafte Aufgabe wahrnehmen wirst.
Um in dieser Welt mit Menschen arbeiten zu können, bedarf es eines von der Gesellschaft akzeptierten Rahmens, nach dem Du Ausschau halten kannst."

Mein Zorn setzte ein Höchstmaß schöpferischer Energie frei und ließ mich meiner innewohnenden weiblichen Kraft, jenseits von Konditionierungen, weiter bewusst werden.
So bot sich mir über einen langen Zeitraum die Gelegenheit, den inneren Wegweisungen durch die „innere Führung" die Priorität vor den äußeren Autoritäten, die sich durch ein berufliches Rollenverständnis ableiteten, einzuräumen.

Durch beständiges Üben öffnete sich mir der Erfahrensraum, den alten Bildern patriarchaler Macht im Innern nicht mehr in gelernter und gewohnter Weise zu folgen und im Außen mein mich zunehmend mehr tragendes Selbstverständnis, bei aller Wertschätzung den betreffenden Personen gegenüber, zu vertreten.
Kurze Zeit später zeigte sich mir ein Weg, eine Ausbildung in Humanistischer Psychologie an der Universität Bremen berufsbegleitend zu absolvieren. Meinen Schwerpunkt legte ich auf die systemische Familientherapie und schuf mir so die Grundlage für eine tiefenpsychologisch

fundierte Arbeit mit Menschen. Ein besonderer Höhepunkt war ein Praktikum in der psychosomatischen Klinik in Grönenbach, wo der Kern der dortigen Arbeit in der Verbindung der Tiefenpsychologie mit der zum Menschen gehörenden *Wesensmitte* liegt.

Hier fand ich im Praktischen umgesetzt, wonach sich meine Seele sehnte. Die aufdeckende tiefenpsychologische Arbeit fand ihr Gegründetsein in der Mitte, im Kern der Begleiter. Das hieß, dem Großen Raum zu geben, anzuerkennen, dass jede Therapie ihre Grenzen hat und es weitaus größere Möglichkeiten gibt, wenn wir dem Transpersonalen vertrauen, der Kraft, die über die Person hinausgeht. Inspiriert durch die vor Ort erfahrene Arbeit, zeichnete sich für mich ein klares Bild ab, wie und auf welche Weise meine zukünftige Tätigkeit aussehen könnte.

Mein Vorgesetzter unterstützte mich während der Zeit meiner Ausbildung großherzig, und zwischen uns entwickelte sich ein partnerschaftliches, respektvolles Miteinander.

Erst Jahre später verließ ich diese Einrichtung.

An dieser Stelle möchte ich Ihnen einfach einmal zurufen:
Sie haben immer die Wahl, wie Sie das, was Sie erleben, sehen wollen und was Sie damit machen.
Die Entscheidung liegt bei Ihnen.
Leben ist ein kreativ schöpferischer Prozess, der entweder in die Richtung Wachsen von Ihnen gelenkt wird, wozu Neugier, Offenheit und Abenteuergeist notwendig sind, oder Sie verschließen sich der nächsten Möglichkeit sich weiter zu entwickeln.
Jeder von uns trifft ständig Entscheidungen.
Machen Sie sich einfach damit vertraut, dass alle Entscheidungen Konsequenzen haben.
Sie allein bestimmen, was in Ihrem Leben passiert, weil Sie als Erwachsener die Freiheit haben, eine neue Wahl zu treffen.

Urbilder der Seele – Anima und Animus

Für den Leser möchte ich kurz ein Erklärungsmodell nach der von C.G. Jung entwickelten analytischen Psychologie über die Wirkungen der Archetypen in unserem Leben vorstellen.
Ich werde kurz die Anima und den Animus skizzieren, um Ihnen ein persönliches Nachvollziehen dieser seelischen Kräfte im eigenen Leben ermöglichen zu können.
Die Archetypen sind unpersönlicher Natur und als solche nicht beschreibbar. Im menschlichen Bewusstsein zeigen sie sich in Form von Bildern, Symbolen, Ideen, ... wie zum Beispiel der Kreis, die Schlange oder die einzelnen Figuren der uns bekannten Volksmärchen. Es sind kollektive Muster, die aus dem Urgrund allen Seins auftauchen. Sie sind als Essenz in allen Religionen, den Mythen, Märchen und Legenden zu finden. Im persönlichen Bewusstsein sprechen sie in unseren Visionen und Träumen zu uns.
Archetypen sind weder positiv noch negativ. Archetypische Bewusstseinszustände treten nicht nur statisch in Erscheinung, z.B. in einem Urbild, wie dem der Schlange, oder in einem Symbol, wie dem des Kreises. Sie sind ihrem Wesen nach dynamisch – prozesshafter Natur. Alle Lebensabläufe allgemeiner menschlicher oder typischer Natur beruhen auf archetypischen Einflüssen, wie zum Beispiel:
„Jeder Fluss mündet im Meer."
„Jeden Morgen geht die Sonne auf."
„An unserem Firmament erstrahlen Sonne, Mond und Sterne."

Hierzu zählen gleichfalls auch archetypische Reaktionsweisen, Abläufe und Prozesse, wie die der Ich-Werdung mit all ihren Erlebens- und Erleidensformen. Die Inhalte unseres Bewusstseins sind weitgehend zu lenken – das kollektive Unbewusste aber ist eine unbeeinflussbare Kontinuität und Ordnung. Die Archetypen bilden die Kraftzentren der Seele.
Diese dort absolut herrschende Ordnung ist es, die uns in Zeiten der Erschütterungen wissen lässt, wo wir Hilfe oder Zuflucht finden können, wenn wir verstehen, mit diesen Kräften zu kommunizieren wie zum Beispiel in der Meditation.

Archetypen haben eine lichte und eine dunkle Seite. So, wie das Achsensystem des Kristalls aus der Mutterlauge dafür sorgt, dass sich Kristalle bilden, ohne eine materielle Existenz zu besitzen, so formen und durchdringen die Archetypen unser seelisches Leben, ohne sichtbar in Erscheinung zu treten. Sie sind numinoser (unfassbarer) Natur.
Aufsteigende Seelenbilder liegen im Urgrund. Sie können von uns nicht erzeugt werden – sie sind. Unserem individuellen Zugriff bleiben sie entzogen in ihrer zeitlosen Präsenz. Archetypen sind nicht erklärbar, sondern nur in verschiedene Bildsprachen übersetzbar. Die Summe der Archetypen stellt die latenten Möglichkeiten der menschlichen Psyche dar, unerschöpfliches Material, uraltes Wissen. Hier zeigen sich die Zusammenhänge zwischen Gott, dem Menschen und dem Universum.

Der Animus, lateinisch Geist, ist die unbewusste, männliche Seite der Frau. Seine positiven Kräfte zeigen sich als schöpferischer Geist.
Der Animus stellt die Brücke zwischen der Persönlichkeit der Frau und ihren schöpferischen Quellen im Unbewussten dar.
Der unerlöste Animus in der Frau äußert sich in Verhaltensweisen wie Verdrehungen, Taktik, Lügen, Ehrgeiz, überall dort, wo sie „alles im Griff hat", aber mit Blindheit geschlagen ist.
Es sind die negativen Animus-Kräfte, die ihr alles Lebendige und Aufbauende vor der Nase wegschnappen. Der Trickreichtum dieser räuberischen Seite ist unermesslich groß. Er schafft es, sich neuen Situationen wie ein Chamäleon anzupassen und die Frau immer wieder hinters Licht zu führen. Sie leidet zutiefst an sich selbst, während sie glaubt, an der Umwelt oder anderen Menschen zu kranken.

Die Anima, lateinisch Seele, äußert sich im Mann positiv im Eros und in seiner Gefühlsseite. Es ist die unbewusste Seite seiner Persönlichkeit. In Träumen zeigt sie sich in den verschiedensten Facetten, von der Heiligen bis zur Hure. Die Entwicklung der Anima zeigt sich in der Art seiner Beziehungen zu Frauen.
Die unerlöste Anima äußert sich durch Imponiergehabe, Verwicklungen und Verdrehungen, Wortgefechte, bis hin zur Gewalt. Eine Identifizierung mit der Anima kann sich im launischen und überempfindlichen Verhalten des Mannes äußern. Seine „innere Frau", die Anima,

flüstert ihm ins Ohr, er hätte eine bessere Welt, eine bessere Frau verdient, und es entwickelt sich eine Mischung aus Trauer und Hochmut. Die Kluft zur Außenwelt wird immer größer, der „arme Mann" zieht sich zurück und wartet darauf, dass die, die ihm Unrecht taten, um Vergebung bitten. Die stille Botschaft lautet: „Wie kannst du glauben, dass es dir gut gehen kann, während es mir so schlecht geht."

Hinter diesen Haltungen liegen die wahren Minderwertigkeitsgefühle und warten darauf, bewusst zu werden. Die eigene Niederlage im Bewusstsein muss als solche hingenommen und die Projektion vom anderen zurückgenommen werden. Sonst wird der Schmerz an anderen ausgelassen, der andere erniedrigt, gedemütigt u.s.w.
Wenn Frau oder Mann von den destruktiven Energien der Archetypen dominiert werden – was meint, dass sie nicht in der Lage sind, aus dieser emotionalen Verhaftung auf kritische Distanz zu gehen – bleiben sie im Affekt stecken, und dieser verdrängt die darunter liegenden Gefühle. So ist es zu erklären, dass Menschen gefühllos handeln, denn im Innern ist die Wärme und Zuneigung erloschen. Die Ursachen liegen in nicht verarbeiteten, seelisch-geistigen Verletzungen oder tief erfahrenen Enttäuschungen.
So wird deutlich, welch großartige Entwicklungsmöglichkeiten in unseren Beziehungen, die wir miteinander eingehen, verborgen sind. Niemand wird uns einen besseren Spiegel hinhalten als das „Du" im Gegenüber und uns die Geschichte unserer „inneren Frau" oder unseres „inneren Mannes" erzählen, die in unserem Inneren auf ihre Erlösung warten.
Anima und Animus sind ein göttliches Paar, das aufbauende wie zerstörerische Kräfte in sich trägt. Die Märchen erzählen davon, wie der Königssohn die Königstochter von Drachen, Zaubern und Dämonen erlöst.
Dies ist ein eindrucksvolles Bild für unser inneres, seelisches Geschehen, das seine Vollendung in der Hochzeit des Paares findet, der mystischen Hochzeit, wenn es gelungen ist, die Gegenkräfte in uns zu einen.

Dem Großen Raum geben

Wollt ich Verstehen von Dir,
so wüsst ich nicht,
was Liebe ist,

und nähm ich mir,
was weder ich errungen
noch erkannt,
so litt ich Not.

So lass ich Dich,
so lass ich mich,
zu treffen uns im Grund,
wo Sie nur wohnt,
die, die nicht spricht –
Sie ist.

Und lächelnd legt
ihr Atem blaues Tuch
um Schultern, deren Herz
sie trug.

„Wer bist Du denn –
wenn ich umarmen möchte Dich –
dass Du entfliehst?

Taucht nicht die Morgenröte
alles in ihr Licht
und gibt und ist?"

Meinst Du, ein winzig
Strahl nur könnt'st erhaschen Du?

Zu groß,
zu weit,
zu licht ist Sie,
wenn mich Ihr Herz erkennt
und Sie's Ihr Eigen nennt.

Beginne jetzt mit Menschen zu arbeiten

„Beginne jetzt mit Menschen zu arbeiten.
Die Zeit der Vorbereitungen ist vorbei.
Dein Gegenüber wählt für sich, sich in der Tiefe seines Selbst an seine wahre Größe zu erinnern.
Teile mit den Menschen, die zu Dir kommen,
Dein Wissen, Deine Erfahrungen und Deine Liebe, und erinnere sie, wer sie in Wahrheit sind.
Zeige ihnen, dass in ihnen die größte Macht des ganzen Universums lebt, dass sie Mitschöpfer sind und ihnen alles möglich ist.

Sich selbst zu lieben, mit Leichtigkeit das eigene Leben zu gestalten ist der Königsweg der Ver-Antwortung.
Es geht immer darum, seine eigenen Antworten zu finden, dieser inneren Autorität zu trauen und aus ihr heraus das Beste zu entfalten.

Alles ist schon da im Kern eines jeden Menschen.
Der Kern ist Geist: unerschöpfliches, sich ständig erweiterndes kreatives Potenzial, Leben ist Wachsen, Offen-Sein, Lieben."

Teil 6: Das Leben als weiblicher Schöpfungsakt

Die höchste Wahl treffen

Eine wichtige Lektion in meinem Clan ist die Aussöhnung der weiblichen mit der männlichen Energie. Die Kriegserfahrungen ließen in meinen Großmüttern und meiner Mutter Erinnerungen von Gewalt und sexuellem Missbrauch zurück. Ich setzte diese Erfahrungen schon im frühesten Kindesalter fort. Ein tiefer Graben von Misstrauen zwischen Frau und Mann war die Folge. Alter Hass und Groll ließen kaum Raum für beglückende Erfahrungen zwischen den Geschlechtern. Wie lange mochte es wohl her sein, dass sich diese in Achtung und Freude aufeinander einlassen konnten? Hier war wahrer Pioniergeist gefordert. Ich stellte beim näheren Erforschen fest, dass zu den familiären Erfahrungen auch noch kollektive Erfahrungen hinzukamen. Es fehlten positive kraftvolle Bilder; der Staub von Jahrhunderten und Jahrtausenden schien dieses Thema zu bedecken. Wo also sollte ich beginnen? Ich bemerkte, dass ich eine fehlgeleitete Anleitung über meine eigene Weiblichkeit und über das männliche Prinzip erhalten hatte. Zunächst übernahm ich die angebotenen Rollen und hielt sie für meine Realität. An dieser Stelle danke ich der Seele, die mich verließ und mir dadurch die Tür öffnete, eigene und neue Erfahrungen machen zu dürfen, die übernommenen Rollen zu hinterfragen und hinter mir zu lassen. Ich erforschte besonders gründlich dieses unerlöste Potenzial des Weiblichen und des Männlichen. Die Sehnsucht trieb mich voran, die Grundinformation zu erinnern, wahrhaft Frau zu sein.

Ich bat meine „innere Stimme" um Hilfe: *„Erzähl mir, welche Frauen Dich begeistern, welche Dir Beispiel sind. Wie willst Du sein?"* Mich hatte immer die Begleiterin von Jesus fasziniert, Maria von Magdala. Eine freie Frau, gebildet, die ein offenes Haus hatte, in dem Menschen sich trafen und geistliche Themen bewegten. Sie war bewusst unverheiratet geblieben, was aber nicht hieß, die Fülle der Liebe nicht zu leben. In den Jahren an der Seite von Jesus lernte sie, was es heißt, sich total zu erinnern: Wahrer Mensch und wahrer Gott zu sein und die höchste Wahl zu treffen.

Freien sicheren Schrittes

*ging sie ihre Wege
Durch ihr Sein
zeugte sie Vollmacht.
Heilend und kündend
lud sie die ein,*

*die am Weg standen
und Antwort suchten.
Sie lehrte sie zu hören
die Stimme,
die da innen sprach.
Ihrer wurden viele,
man nannte sie –
Liebende.*

Da war sie, die Vision einer freien Frau. Dieser Vision zu folgen, war meine Aufgabe. Ich wusste nur zu gut, dass es dazu notwendig war, die Gedanken- und Gefühlsstrukturen meiner Ahninnen loszulassen, um in dieses Selbstverständnis meiner wahren Größe zu gelangen.
In mir erschuf sich ein Bild meiner inneren Stimme, eines Wesens, das sich mir zeigte.

Geliebte

*Sie kam von den Hügeln
und sammelte sie im Tal.
Sie lehrte sie,
auf ihr Herz zu hören.
Sie kehrten um
und lernten
einander Brot zu sein,
und der Himmel
kam auf die Erde
und vermählte sich mit ihr.
Was gestern noch Wunder war,
geschah nun im Alltäglichen.*

Vor mir lag das Abenteuer, die verschiedenen Entwicklungsschritte meiner Ahninnen in ihrem Dasein zu erforschen.
Während ich darüber nachdachte, welches wohl der nächste Schritt sein könnte, erreichten mich die Worte meiner „inneren Führung":

Du bist erst unterwegs zu Deinem ureigenen, unverstellten Leben. Löse nun die Komplexität der weiblichen Erfahrungen aus Deinem Lebensgewebe, indem Du die unzähligen Verknüpfungen wie Knoten eines Netzes löst. Alles, was auf Erden gebunden ist, bleibt auch in allen Welten gebunden. Was Du auf Erden löst, ist auch in allen Welten gelöst.
Zu Zeiten des Matriarchats lebten die Menschen in dem Bewusstsein, dass die Liebe der Großen Mutter über diese Erde gebreitet war. Den Frauen, die aus ihrem Körper, dem Tempel ihrer Seele, neues Leben hervorbrachten, wurde Achtung und Wertschätzung entgegengebracht. Sexualität war Ausdruck schöpferischer Kraft und Freude. Frau und Mann lebten in Respekt gegenüber Mutter Erde und ihren gewaltigen Kräften und hatten Zugang zu den sie durchdringenden schöpferischen Energien des Universums.
Dieser unmittelbare Zugriff ging im Laufe der letzten viertausend Jahre mehr und mehr verloren. Es bildeten sich Strukturen von Besitz, Herrschaft und Unterwerfung aus.
Die Frau, Vermittlerin und Botschafterin des Lebens, Ausdruck der göttlichen Weisheit – der Sophia – war die verkörperte „Göttin". Sie machte durch die Jahrtausende Erfahrungen, die den Verlust ihrer natürlichen Vollmacht dokumentierten. Der Mann erhob sich über das Weibliche und vergaß im Antlitz seiner Gefährtin, die „Große Mutter" zu sehen und unter seinen Füße ihren Herzschlag zu spüren.
Versteh – Ihr habt eine gemeinsame Geschichte, die es zu erinnern gilt. Spüre Deinen Zorn, erlaube ihm, Dich zu Deiner Kraft zu führen – bis zur freien Frau, die ihr Schöpferinnen-Sein erinnert.
In jeder von Euch ist diese Vision verborgen – Ihr seid Schlüsselträgerinnen göttlich-weiblicher Macht und Wegweiserinnen. Die aus der Kontrolle geratene männliche Kraft sehnt sich nach ihrem vollen Ausdruck. So wartet die verwundete Göttin nicht nur in Euch Frauen auf ihren „heiligen Augenblick", sondern auch in jedem Mann, um in Erscheinung treten zu können.

Leben – ein weiblicher Schöpfungsakt

Die Ursprünge des menschlichen Bewusstseins sind weiblich; hier ist weiblich als Lebensprinzip zu verstehen, im Sinne von rezeptiv-empfangend, geschehen lassend. Das ist nichts Passives, sondern ein schöpferischer Lebensakt. Aus dem Urgrund des Seins steigen ständig schöpferische Kräfte auf, die vielfältiges Leben hervorbringen. Dieses vergeht wieder, um alsbald verwandelt wiederzukehren – ein ständiges „Stirb und Werde". Dieser Kreislauf ist gut in der Natur zu beobachten, ganz besonders deutlich in den vier Jahreszeiten.
Die Urmenschheit lebte in diesem Bewusstsein und empfand sich eingebunden in den Kreislauf von Werden und Vergehen. Zum Leben gehört der Tod. Spuren dieser inneren Haltung finden sich heute z.B. bei Völkern, die in Erdbebengebieten leben oder in der Nähe von Vulkanen siedeln.
Das Leben verläuft zyklisch. Der Rhythmus des Mondes – „la lune", die Mondin – ist ein weibliches Geschehen, das das Lebensprinzip verkörpert und in jeder Frau in ihrem Zyklus seine Entsprechung findet. Für die Urzeitmenschen war dieses Himmelsschauspiel im wahrsten Sinne des Wortes wegweisend. Sie erlebten, dass das Leben aus der Frau geboren wurde und sie somit die leib-seelische Lebensspenderin verkörperte.

Menschliches Bewusstsein hat sich aus der alles seienden, unbewussten Natur entwickelt. Das Wort Materie leitet sich ab von „mater", was Mutter bedeutet, und von „Matrix", was Urmuster bedeutet, also alle Lebensmuster in sich enthält. Die menschlichen Urerfahrungen sind aus dem Mütterlichen, der mater, der Mutter, sozusagen naturhaft – kosmisch hervorgegangen. Die seelisch-geistigen Orientierungspunkte der Urzeitmenschen haben sich auf das Ganze der Welt bezogen. Für sie gehörten Erde und Himmel zusammen – waren eins.
In dieses Schöpfungsgeschehen waren die Menschen eingebettet. Die Welt wurde als rund empfunden, als weiblich.
Runde Versteinerungen mit einem gleichschenklig eingeritzten Kreuz, die in Ungarn gefunden worden sind (der Fund ist etwa 100.000 Jahre alt), belegen diese Weltsicht.

Die runde Welt mit ihren vier Horizonten, die im Schnittpunkt der Horizontalen und Vertikalen ihren Mittelpunkt findet, dokumentiert, dass das anfängliche menschliche Bewusstsein zentriert war.
Die Menschen der Urzeit ordneten das sie umgebende Chaos zur Mitte hin, was bedeutet, dass sich so der seelische Kosmos der Menschheit ausbildete. Dieses ist ein weiblicher Schöpfungsakt.
Die Tiefenpsychologie nach C.G. Jung nennt das Runde und das zentrierte Viereck ein Mandala – Formen, die uns heute vertraut sind als ein Symbol für die Ganzheit.

Weibliche, überdimensional große Skulpturen der Altsteinzeit weisen ebenso dieses gleichschenklige Kreuz auf und drücken die Auffassungen der seelischen Wahrnehmung in der bestehenden Verbindung zum Weltall aus, untrennbar verbunden mit der Fähigkeit der Frau, Leben zu gebären und zu nähren.

Das Ganze wurde zusammenhängend von innen und außen her erfahren, begriffen und gelebt. Die kosmische Weltentstehung spiegelt sich als ein schöpferischer Akt des Gebärens und Nährens wider. In allen Kulturen finden sich weibliche Schöpfungsmythen.
Die reichen Funde steinzeitlicher Statuen dokumentieren eindrucksvoll das damalige weiblich-kosmische Bewusstsein der Menschheit. Das Weltall wurde als weiblicher Leib gesehen, was in den Figuren der Göttinnen im Bauch und Gesäß je als Halbkugel ausgedrückt wurde. Das Prinzip „wie im Himmel so auf Erden" nahm in jeder Frau leibhaftige Gestalt an. Für den heutigen Menschen heißt das, dass das Göttliche am Anfang der Menschheitsgeschichte weiblichen Ursprungs ist. Die Göttin verkörperte die Einheit von Materie und Geist. Die seelische Selbstwahrnehmung im kosmischen Eingebundensein, verknüpft mit dem Wissen des lebensspendenden Weiblichen, waren die Merkmale der Urmenschheit.
Tiefenpsychologisch bedeutet dies, dass weibliches Bewusstsein das männliche umschließt – in sich birgt.
In einer in Catal Hüyük (in der Türkei) gefundenen weiblichen Skulptur ist der Nabel der Göttin in konzentrischen Kreisen dargestellt, was wiederum die Zentrierung der Welt und der Seelenbilder ausdrückt.

Nachweislich gab es in den matriarchalen Kulturen keinerlei kriegerische Auseinandersetzungen. Die bis heute zurückreichende Forschung dokumentiert einen fast 9.000 Jahre zurückliegenden Zeitraum und belegt blühende matriarchale Kulturen, deren Mittelpunkt religiöses Leben war, religiös im Sinne von Rückbindung an den Urgrund. Religion kommt von religio und bedeutet „Rückbindung".

Die Zerstörung dieses weiblichen Bewusstseins nahm seinen Lauf, als kriegerische Reiterstämme, vermutlich aus dem Kaukasus und Nordeuropa, nach Süden zogen, die Zentren matriarchaler Kulturen überwältigten und die Menschen der neuen Herrschaft unterwarfen. Das weibliche, weltordnende Prinzip versank in Wellen solcher Wanderungen, und an seine Stelle traten patriarchale Strukturen.

Merkmale dieser Herrschaft waren Besitzdenken, Unterwerfung und Bemächtigung. Die Achtung für weiblich-zyklische Lebensprozesse ging verloren, und diese wurden zunehmend unterdrückt. Stattdessen bildeten sich Gesetzmäßigkeiten heraus, die sich in knapper Form auf „Teile und herrsche" bringen lassen.

Während vorher die Männer in einem gesunden Selbstverständnis das Leben ihres Clans unterstützten und das Prinzip allen Seins in jeder Frau respektierten und achteten, unterwarfen sie nun die Frauen ihrer Herrschaft, die keine Ebenbürtigkeit mehr kannte. Der Tod, bei Eroberungszügen willentlich herbeigeführt, wurde als zerstörerische Kraft erlebt, dem es zu entkommen galt. Die Rückbindung an den weiblichen Urgrund ging mehr und mehr verloren. Die Mutter des Lebens und des Todes, aus deren dunklen Schoß der Mensch hervorging und in den er zurückkehrte, entzog sich dem menschlichen Bewusstsein. Stattdessen entwickelte sich Gevatter Tod, den es zu fürchten galt.

Das Dunkle, Unfassbare, Geheimnisvolle, dem die Menschheit vormals vertraute, wurde zum Bedrohlichen, Grauenhaften. Die ganzheitliche Weltsicht ging verloren. Leben und Tod als untrennbarer Kreislauf schöpferischen Lebens wurden in zwei Teile geteilt. Vormals war die Höhle des Lebens im Uterus der Frau wie im Weltall angesiedelt. Im zunehmenden patriarchalen Bewusstsein wurde dieser Ort, wo Leben entsteht, im Geheimnisvollen, Dunklen, zur Hölle.

Für den interessierten Leser dieses Bewusstseinswandels sei an dieser Stelle auf den Epos Gilgamesch (1200 Jahre v. Chr. entstanden) verwiesen, der den Verfall des weiblichen Weltbildes eindrucksvoll beschreibt. Tiefenpsychologisch stellt sich hier das patriarchale Bewusstsein symbolhaft dar.

Das Weibliche, das sich in jeder Frau zyklisch ausdrückt und sie als Spenderin des Lebens ausweist, wurde mit dem Stigma des Unheilvollen, Zerstörerischen versehen. Das einseitig herrschende männliche Bewusstsein, das so sehr der Erfahrung weiblicher Schöpfungskraft entbehrt, hat den Kreislauf von Werden und Vergehen zerstückelt und sich aus falsch verstandener Macht über das Prinzip schöpferischen Lebens gestellt, anstatt sich als mitschöpfendes Wesen, dem Ganzen dienend, zu verstehen. Dieses lineare Bewusstsein, das von seinem Urgrund, dem Seelischen, getrennt ist, bringt fortschreitende Zerstörung hervor. Es beutet die Erde aus, versklavt und unterdrückt die Menschheit, handelt antizyklisch und hat ein kaum zu überbietendes Potenzial aller möglichen Waffen geschaffen, das die Menschheit nun mehrfach auslöschen könnte.

Die Schöpfungsgeschichte im Alten Testament ist ein eindrucksvolles Zeugnis der Umkehrung des weiblichen Weltbildes in ein männliches. Von der Urmutter Eva wird berichtet, dass sie aus der Rippe Adams erschaffen wurde – eine völlige Umkehrung des weiblichen Schöpfungsprinzips. Tiefenpsychologisch findet sich hier das in vielen Frauen rund um den Erdball tief verankerte Gefühl, nicht aus sich selbst heraus, aus ihrer ureigenen Identität etwas erschaffen zu können. Dieses Empfinden kann soweit gehen, dass sich Frauen nur als etwas Halbes, durch den Mann zu ergänzendes Wesen empfinden.

Das vormals lebensspendende weibliche Prinzip erfährt im Bild der Eva aus dem Alten Testament, dass vom Baum der Erkenntnis zu essen Sünde sei. An dieser Stelle sei noch einmal auf die Bedeutung des Begriffs Sünde verwiesen, der sich aus dem Wort „Sund" ableitet, was wiederum Grund – Urgrund bedeutet.

Eva, als Bild für die Teilhaftige, am ewigen Schöpfungsakt webende und wissende Urkraft, teilt das aus ihrer Ganzheit strömende Wissen mit ihrem Gefährten, um ihn gleichwertig teilnehmen zu lassen an

diesem schöpferischen Akt. Das macht sie aus Sicht des patriarchalen Bewusstseins für den Fall der Menschheit aus dem Paradies verantwortlich – zur ersten Sünderin.
Eva, Bildnis der Weltenmutter, symbolisiert weibliche Schöpfungskraft. Worin also kann der Fall der Menschheit bestehen? Das sich patriarchal entwickelnde Bewusstsein wirft in dieser Schöpfungsgeschichte ohne Zögern seinen eigenen Schatten – sich gewaltsam vom Weiblichen zu trennen und es zu leugnen – direkt auf das Weibliche in der Gestalt der Eva zurück. Die Umkehrung wirkt sich verständlicherweise zerstörerisch im menschlichen Bewusstsein aus und führt innerpsychisch zu Irritation und Spaltung mit verhängnisvollen Folgen.
Durch den Verlust des weiblichen Weltbildes verloren die Menschen ihr Eingebundensein ins kosmische Geschehen, fielen aus der Ganzheit. Welch ein Absurdum, diese menschliche Entwicklung in solcher Umkehrung zu beschreiben. Die Schlange, Urbild ewiger Erneuerung, schöpferischer weiblicher Kraft und Weisheit, musste nun für das Teuflische herhalten, jener zerstörerischen Kraft, die erst aus der Leugnung des weiblich-schöpferischen Prinzips und ihres Verlustes im menschlichen Bewusstsein geboren wurde.
Diese abgedrängten Kräfte sind es, die dann die seelischen Lebensgesetze in ihr Gegenteil verkehren.

In der Person des Jesus von Nazareth wird die ganze Weisheit der göttlichen Liebe offenbar, der Menschheit Wege zu zeigen, auf welche Weise sie in ihre Ganzheit zurückfinden könnte – umzukehren aus dem einseitigen patriarchalen Weltbild.
Schon bei der Wahl seiner Mutter, der Maria, weist Jesus wieder und ganz unmissverständlich auf den weiblichen Urgrund allen Seins hin: Maria leitet sich aus „Mare" ab und bedeutet das Meer – die „Große Mutter", aus der alles Leben hervorgeht.
Bevor wir tiefenpsychologisch auf Maria und „die Weihnachtsgeschichte" eingehen, möchte ich Ihnen kurz das Hologramm der harmonischen Familie vorstellen.

Das Hologramm der Familie:
Vater – Mutter – Kind

Wenn wir uns dem Hologramm der harmonischen Familie nähern wollen, gilt es zunächst einmal, sich mit dem Schöpfungsprinzip des Lebens vertraut zu machen, mit Yin und Yang als dem sich ständig selbsterschaffenden und wieder vergehenden Prinzip allen Seins.
Im Abbild unseres menschlichen Lebens finden wir diese Ur-Kräfte in Frau und Mann. Das Kind, das aus dieser Verbindung hervorgeht, ist ein Ausdruck des neuen Lebens, das sich ständig weiterentwickelt. In unserer Seele finden sich nun archetypisch diese Bilder der Familie wieder, den Seelenkernen, wie C. G. Jung sie nennt.
Es ist ein für uns vertrautes Bild, das in allen Kulturen wiederzufinden ist. Das Bild der Familie – der „Heiligen Familie", die Abbildung von Ganzheit: Vater, Mutter, Kind. Hier ist heilig als ganz, im Sinne von Ganzheit zu verstehen.
In dem sich in uns weiter und weiter entfaltenden Leben wirken archetypische Kräfte, die wir auch als ein Spiel der Schöpfung mit sich selbst, aus sich selbst und um sich selbst bezeichnen können. Wir sind klug beraten, dieses Spiel in seinen Wirk- und Werdeweisen kennen und verstehen zu lernen. Hier wirkt Weisheit; verkürzt lässt sich sagen:

„Ich werde – also bin ich."

Wir sind ein immaterielles und materielles Wesen, wie ein Baum, der seine Wurzeln in der Erde verankert und seine Krone himmelwärts entfaltet. In einem gedachten Koordinatensystem befindet sich die vertikale Achse, die den Menschen mit den Kräften von Yin und Yang (weibliche und männliche Energie) verbindet.
Auf der horizontalen Ebene dieser Achse liegen seine Vergangenheit und Zukunft. Genau im Schnittpunkt dieser Achse befindet sich der Nullpunkt, aus dem die Gegenwart des Menschen hervorgeht.
Von unserem seelischen Urgrund werden wir getragen. Die Tiefe unserer Rückbindung „religio" an unseren Wesenskern, unsere Mitte entscheidet darüber, wie bewusst wir uns einlassen können auf unseren Werdeprozess zum ganzen Menschen hin.

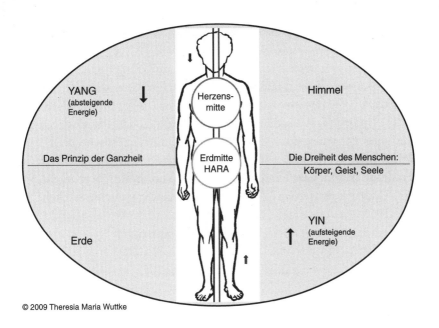

Die Dreiheit des Menschen – das Prinzip der Ganzheit

Es gilt also, die weiblichen Kräfte und die männlichen Kräfte in sich selbst zur Ganzheit zu führen, damit hieraus etwas Neues entsteht, das „Kind".

Die Weihnachtsgeschichte: Dreiheit in der Einheit

Für unseren Kulturkreis finden wir in der Abbildung der uns vertrauten Weihnachtsgeschichte die drei wichtigen Personen Maria, Josef und das Kind. Diese Dreiheit, die doch Einheit ist, zeigt uns deutlich das in der Seele des Menschen wirkende Prinzip in seinen Schöpfungs- und Gestaltungsaspekten. Die äußeren Abbilder in Maria, Josef und dem Kind entsprechen den innerpsychischen Seelenkernen des Menschen, die C. G. Jung als Archetypen bezeichnet.

Maria als Bild unserer weiblichen Seelenkräfte

Tiefenpsychologisch finden wir in Maria das Bild für unsere Seele, die den Ruf Gottes, durch einen Engel an sie herangetragen, vernimmt und ihm folgt.
Maria sagt „Ja", gibt dem Neuen, Erlösenden, das in ihr heranwächst, Raum und vertraut der Verheißung des himmlischen Boten. Hier finden wir die jahrtausendalten Schöpfungsmythen matriarchaler Kulturen vor. Die Mutter des Lebens, die Göttin, gebar immer wieder einen Sohn, der aus der Heiligen Hochzeit entstanden war. Tiefenpsychologisch ist die „Heilige Hochzeit" das Bild für den „Ort", wo der Mensch den Geist der Gottheit empfängt, sich mit ihm vermählt.
Das griechische Wort „Ecclesia" steht für das Weibliche, welches das Göttliche empfängt, was im Herzen des Menschen geschehen kann, aber ebenso im Außen, wie uns die leibhaftige Erscheinung des Sohnes Gottes, Jesus von Nazareth, in der Weihnachtsgeschichte zeigt.
Für uns wäre es gleichbedeutend, wenn wir dem Ruf der Seele folgten, dem Urgrund neu vertrauen lernten und uns der Führung des „Heiligen Geistes", der göttlichen Weisheit – der Sophia –, rückhaltlos anvertrauten.
Unserer Seele die Priorität zu geben, führt uns zu den erlösenden Kräften unseres innewohnenden göttlichen Kerns, den C. G. Jung das „Selbst" nennt. Eine seiner wichtigsten Aussagen lautet: „Das Ziel jeder Menschwerdung ist die Gottesgeburt im Menschen."

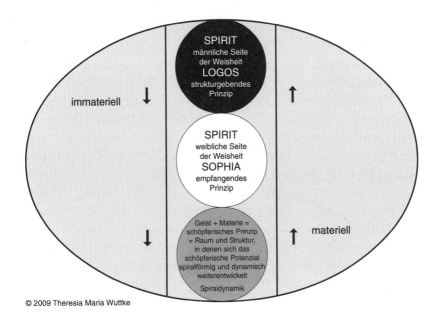

Das ins uns wirkende Schöpfungsprinzip

Im Schoß der Maria wächst durch den Heiligen Geist im Dunkeln die Frucht ihres Leibes heran. Auch hier der Hinweis: Das Neue, das Erlösende kommt aus dem Dunkeln, dem Urgrund der Seele, aus dem „Backhaus des Lebens". Bethlehem heißt übersetzt „Haus des Brotes". Der Mensch kann, bezeichnenderweise, dem nichts hinzufügen, das besorgt die göttliche Weisheit. Die durch den Heiligen Geist geschwängerte Maria ist das Bild für unsere Seele, die vorbehaltlos dem Schöpfungsakt des Göttlichen zustimmt.
Hier ist die Jungfräulichkeit als Zustimmung zu verstehen, den in uns wirkenden Kräften, die dem Urgrund entströmen, zu vertrauen.
Das Göttliche möchte in jedem von uns Wohnung nehmen. Im Außen stehen die hierfür entstandenen Gotteshäuser, die Synagogen.

Maria kommt in Bedrängnis, ist doch das erwartete Kind mit Sicherheit keinem Zeugungsakt mit Joseph entsprungen. Für die damalige Zeit eine Zumutung. Welch einen Weg geht die junge Frau Maria –

sie riskiert ihr Leben, denn vor der Ehe schwanger zu werden und zudem noch von dem „Großen Unbekannten", hätte ihr zur damaligen Zeit den sicheren Tod einbringen können.

Das seelische Bild, das sich uns darstellt, spricht eine deutliche Sprache. Das Weibliche bringt aus sich „selbst" heraus das Neue, Erlösende hervor. Joseph wird durch einen Engel darauf hingewiesen, Maria zur Seite zu stehen und das Kind anzunehmen. Ein eindrucksvolles Bild für die tatsächliche Aufgabe des Männlichen, das Weibliche zu unterstützen und dem neuen Leben Raum und Herberge zu schaffen, für das Kind als Vater zu sorgen. Tiefenpsychologisch heißt das, sich seines weiblichen Urgrundes wieder bewusst zu werden, dem Seelischen zu vertrauen und es sich entwickeln zu lassen, damit in der Seele das Göttliche wiedergeboren werden kann. Josef gilt hier als der Animus, der seiner Anima, der Maria Struktur und Raum anbietet für ihre schöpferischen Kräfte.

Es ist kein Zufall, dass Maria und Joseph keinen Platz in der Herberge fanden. Mitten in der Nacht, fernab der Menschen, wird das göttliche Kind im Stall geboren. Hier zeigt sich das Bild des Menschen, der rückhaltlos dem Ruf seiner Seele folgt.

Die tiefste Nacht wartet, die **Nacht seiner Seele**, wo er, eben nicht gesellschaftlich hochwillkommen, sich seiner Gottesgeburt in seinem Urgrund überlässt. Im Stall, der für die schwierigen Lebensumstände steht, die eine solche Geburt mit sich bringt, inmitten der Nacht, kommt das Licht zur Welt. Solch ein Mensch wird getragen von den mütterlichen und väterlichen Kräften seiner Seele, der Maria und dem Joseph, wie auch von den animalischen Kräften des Lebens, die in Ochs und Esel zu finden sind.

Wie schon zu damaliger Zeit, findet dieser Akt im Haus des Brotes statt, im Backhaus des Lebens, dem Urgrund unserer Seele, bildlich gesprochen, im Schoß der Maria. Hier wird das Brot des Lebens gebacken.

Herodes, der für den mörderischen und zerstörerischen Aspekt der Seele steht, stellt dem göttlichen Kind – unserer göttlichen Werdung – nach. Hier zeigt sich der Teil des menschlichen Bewusstseins, der, losgelöst vom weiblichen Urgrund, sich nun zerstörerisch gegen alles Lebendige wendet. Ist der Mensch von seinen eigenen Wurzeln – seinem

Urgrund – abgeschnitten, so lebt er verbindungslos. Wird er einseitig von seinem linearen Bewusstsein gesteuert, so fürchtet er nichts mehr, als seine Macht zu verlieren, die aus Unterdrückung, Zerstückelung und Zerstörung alles Lebendigen besteht, ob in ihm selbst oder in der ihn umgebenden Welt.

Jesus als ein Abbild unseres Selbst ist ein lebendiges Beispiel für die von innen vorzunehmende Umkehr – Metanoia. Er stieg in das Reich des Todes, des nicht gelebten Lebens, hinab. Für uns bedeutet das, in unser Unbewusstes hinabzusteigen und sich den wandelnden Kräften des Göttlichen auszuliefern.
Jesus starb auf Golgatha. Er öffnete uns damit die Tür, bewusst den Weg zu unserem inneren Golgatha zu wählen. Dort wartet der Tod – die Todin – auf uns, jene weibliche, wandelnde Kraft, die uns auferstehen lässt zu neuem Leben, zu dem Wesen, das wir in Wahrheit sind – wahrer Mensch und wahrer Gott.

Damit knüpfte er wieder an das weibliche Schöpfungsprinzip an. Erst jetzt scheinen sich für uns heutige Menschen die Tore für diese lebenserneuernde Botschaft zu öffnen. Das könnte für unsere Welt eine Rückkehr zu den seelischen Kräften, dem weiblichen Urgrund bedeuten, die in der Lage wären, das Zerstörte wieder zu erneuern und dem Weiblichen seinen ihm gebührenden Platz einzuräumen – das Leben neu zu begreifen, zu achten und zu lieben, in allem, was lebt.

Die größte Macht auf Erden ist die Liebe

Was auf unserem Weg oft wie eine unüberbrückbare Kluft zwischen dem Individuum und seiner Familie aussieht, stellt sich als potentielle Möglichkeit heraus, all das im persönlichen und familiären seelischen Feld zu klären und zu integrieren, woraus das psychogenetische Erbe besteht. Wer seinen Schatten umarmt, hebt jede Trennung in seiner Seele auf und öffnet die Tür zu seinem unermesslichen schöpferischen Reichtum.

Erst die Selbstannahme und Selbstliebe des Schattens ermöglichen seine Integration. Dadurch öffnet der Mensch die Tür zu seinen unbewussten Persönlichkeitsaspekten, die in seinem Unbewussten ein Eigenleben führen und seine Lebensentfaltung und Lebensenergie blockieren.

Unser spirituelles Vermächtnis liegt in der Integration und Heilung unserer persönlichen, familiären und kulturellen Wurzeln. Die tiefe liebende Hinwendung zu unserem Menschsein in all seinen Facetten erweist sich als Brücke zur Transzendenz.

*In der Ferne höre ich
ein Raunen und Flüstern,
eine leise Melodie
lädt Dich und mich ein.
Wage es,
Deinen Tanz zu tanzen,
Dein Lied zu singen.
Ein gewaltiger Chor entsteht.
Unzählige singen
und lösen
den Gürtel der Knechtschaft.
Töchter und Söhne des Lichts
erinnern sich.
Da ist sie,
die Stadt auf dem Berge,
wo die Sonne nicht untergeht
und die Freude kein Ende findet.*

Verstehen lernen

Der Mann einer Klientin geriet in eine für ihn aussichtslos erscheinende Situation. Er wählte den Freitod. Ein erschütterndes Erlebnis, das mich in ganz neuer Weise auf den Strom der Liebe verwies, der frei von jeglichem Urteil ist. Schon einen Tag nach seinem Gehen aus dieser Welt meldete er sich in inneren Bildern bei mir. Er wusste wohl um die Möglichkeit, dass ich zwischen ihm und seiner auf der Erde zurückgebliebenen Frau vermitteln durfte. Ich hatte ihn zu Lebzeiten nicht persönlich kennen gelernt. Was ich wahrnahm, war ein Wesen, das mit anderen Wesenheiten Getreidegarben auf einem Feld zum Trocknen aufstellte, deren Hülsen allerdings nur wenige Körner enthielten, also nicht voll ausgereift waren.
Darüber herrschte in ihm und den anderen tiefe Betroffenheit, jedoch auch eine völlige Akzeptanz über die Wahl, das Leben eigenhändig auf Erden zu beenden.
Sie waren von der unendlichen Liebe umhüllt und getragen. Nun erschien der ehemalige Mann meiner Klientin mit einem Esel, den er am Halfter führte. Wie ich erfuhr, stand dieser Esel für ein Kuscheltier, welches beide miteinander verband. Dann zeigte mir ihr ehemaliger Partner wichtige Unterlagen, die in seinem Schreibtisch lagen, von denen seine Frau nichts wusste. Diese konnten jedoch die finanzielle Versorgung der Familie nach seinem Ableben sichern. Mich berührte seine Fürsorge. Er bat seine Frau und die gemeinsamen Kinder um Vergebung für seinen Schritt. Dann nahm er Abschied. Tiefe Dankbarkeit durchflutete mich, diesen Dienst wahrnehmen zu dürfen.

Du warst verstört, als Du bemerkt hast, dass Seelen, die ihr Leben von sich aus beenden, sich nicht im Strom der Verzweiflung, sondern in liebender Akzeptanz befinden. Eine alte religiöse Vorstellung stand Dir im Weg, mehr nicht. Du bist es gewohnt, dass das Leben in von Euch Menschen festgelegten Kategorien, Regeln und Ordnungen abläuft. Diese Ordnungen sind menschliche. Das Maß liebender Güte Euch selbst und Anderen gegenüber ist es, was Euch das Fundament baut. Regeln oder Ordnungen ohne Liebe sind keine tragenden Säulen Eures Lebens. Lasst den Geist des Lebens frei schwingen und lebt Euer lebendiges Sein.

Ihr wähnt Euch in Sicherheit, steht jedoch auf tönernen Füßen. Die Ordnung des Lebens ist die Liebe. Alles, was ihr nicht entspricht, vergeht, zerstört sich selbst oder wird zerstört, um das, was dahinter liegt, freizulegen – Eure Essenz.
In jedem von Euch ist das absolute Gutsein verankert, die Unschuld Eurer Seele. Welche Erfahrungen Ihr auch macht, dieser Kern ist unverletzbar. Ihr seid Liebe in Aktion. Während Ihr auf Erden wandert, werft Ihr Schatten, das ist unvermeidbar – so wie jeder Baum einen Schatten wirft, wenn die Sonne vom Himmel strahlt.
Hast Du jemals daran gedacht, dass der Schatten eines Baumes böse ist? Wie viele Facetten er auch immer von sich zeigt, je nach dem Stand der Sonne – er ist, der er ist.
Für Deinen Verstand ist das kaum zu fassen, denn er ist es gewohnt, ständig einzuordnen und zu bewerten. Das ist ihm vertraut. Ein Teil Deiner Psyche glaubt, ohne Urteil nicht auskommen zu können. Dass Du Dich durch das Einnehmen eines Standpunktes entweder für oder gegen etwas entscheidest, sagt nicht, dass Du richtig oder falsch handelst.
Vielmehr verantwortest Du das, was Dir kraft Deines Bewusstseins in diesem Augenblick angemessen erscheint. Zu einem anderen Zeitpunkt nimmst Du eine ganz andere Haltung ein zu ein- und demselben Thema, weil Du Dein Bewusstseinsfeld erweitert hast. Du siehst also, dass sich „Deine Welt" in ständiger Wandlung befindet. Was für Dich gilt, gilt für jeden von Euch. Das, was Du siehst, ist nie das, was ist. Es handelt sich lediglich um die Welt der Erscheinungen.
Wenn in Dir oder durch Dich etwas zerstörerisch wirkt, so benenne es und stell Dich klar zu Dir. Hast Du dadurch jemanden verletzt, bitte ihn um Vergebung.
Die Summe Deiner zerstörerischen Verhaltensweisen sagt nichts über Deinen Wert. Dieser ist unermesslich groß und durch nichts herabzusetzen, weder durch Dich selbst noch durch andere. Liebe Dich total. Forsche nach den Ursachen Deiner Verhaltensweisen, entdecke die Verknüpfungen zu Deinen Vorfahren und lass dann in der Tiefe Deiner Seele, wo die Wunden schwelen, die erneuernde Liebe Deines Herzens wirken.
Je mehr Du Dich liebst, je größer wird Deine Liebe für Deine Mitmenschen. Je tiefer Dein Verstehen und Deine Akzeptanz, je weiter der Raum, in dem bedingungslose Liebe fließen kann.

Ein warmer Sommer unterstützte Wachsen und Reifen. Meinen Weg kreuzten viele krebserkrankte Menschen. In den folgenden Jahren durfte ich sie in ihrem Prozess in die Ganzheit begleiten. Ich erlebte, wie jeder von ihnen seinen ureigenen Weg ging und die für ihn Not-wendigen (die Not wendenden) Formen der Heilung aus ihm „Selbst" geboren wurden.

Mit manchem durfte ich das Geschenk eines neuen Lebens teilen, andere begleitete ich in ihrer Vollendung bis zum Ende des irdischen Weges. Diese Menschen waren meine größten Lehrer. Ihre Lebensgeschichte erzählte im Hier und Jetzt das, was mir meine „innere Stimme" seit Jahren vermittelte, als wachsendes Konzept. So nahm die Arbeit mit dem Hologramm Gestalt an. Das „Große Bild" war deutlich zu erkennen.

Besonders meine Freundin Christine hat durch all ihre Impulse an diesem Werk mitgewebt. Mein Herz entbietet ihr für ihren unerschöpflichen Reichtum, verknüpft mit bedingungsloser Liebe, tiefen Dank. Ihre große Seele entfaltete ihre Flügel und schwang sich ins Ewige.

So hatte mir meine Ahnin Franziska den ersten Faden in die Hände gelegt, ihr Sohn Alfred den folgenden. Mein Großvater, Franziskas Mann, fügte den seinen hinzu.

Meine Schwester Christiane öffnete weit das Fenster zum Leben auf dieser Erde. Später spann die große Weberin unseres Familiennetzes, meine Mutter, ihren Faden dazu, ebenso überzeugend das Lied neuen Lebens verkündend, wohl wissend, dass Licht und Schatten die Komponisten sind.

Die Gemeinsamkeit dieser Menschen lag in der Erfahrung ihrer durch Krebs sich deutlich machenden Erkrankung. Sie webten durch ihre Lebensgeschichten weiter an dem „Großen Bild", das uns alle betrifft, ob wir nun erkrankt sind oder nicht. Krankheit kann Türen öffnen, von denen wir vorher nicht einmal wussten, dass es sie gibt.

Von Außen wurde nun die Arbeit mit sexuell missbrauchten Kindern an mich herangetragen. Der rote Faden meiner Lebensgeschichte zeigte sich überdeutlich. Das, was mich einst verletzt und verwundet hatte, war zu einem heilenden Potenzial geworden. Die eigenen Erfahrungen lieferten jetzt den Hintergrund für mein Einfühlungsvermögen. Die gemeinsame Zeit mit diesen Kindern wurde zutiefst von der göttlichen Liebe getragen, und die Wunden, die sie in Körper, Geist und Seele traumatisiert hatten, konnten heilen.

Einige Monate später, in der morgendlichen Meditation, zeigte sich mir ein Schäferhund. Der Name Rhea tauchte auf. Wochen danach erzählte mir eine Freundin, dass in ihrem Dorf eine Schäferhündin abzugeben sei. Ich suchte den Züchter auf und rief diese Hündin mit dem mir vermittelten Namen. Sie kam freudig auf mich zugerannt und wir wurden ein Herz und eine Seele.

Von ihrem Vorbesitzer war sie geschlagen worden, und es brauchte eine Weile, bis sie ihrem Namen alle Ehre machte: Tochter von Mutter Erde und dem Himmelsgott Zeus zu sein – was die Bedeutung ihres Namens aussagt.

Rheas Liebe und Hingabe zu den Menschen in den Seminaren hat mich tief berührt. Mit den ihr eigenen Sensoren weiß sie stets an der Seite von Menschen zu sein, die ihre seelischen Prozesse zur Welt bringen. Sie gewährt ihnen Schutz und Beistand. Durch sie habe ich erfahren dürfen, wie präsent das Göttliche in der Gestalt einer Hündin mit seiner Liebe und Treue ist, besonders in Zeiten seelischer Not oder Krankheit. Mein Herz entbietet ihrem Wesen tiefen Dank.

Mein Vater hatte meiner Mutter am Anfang ihres gemeinsamen Weges eine Schäferhündin geschenkt. Nun fand Rhea ihren Platz in meinem Leben.

Wie deutlich war das „Große Bild" zu erkennen, wo jedes Familienmitglied dem anderen half, die Geschichte vom strömenden Fluss des Lebens, an dessen Ufer lachende Menschen ihr Leben in Freude und Dankbarkeit miteinander teilen, wahr werden zu lassen.

Wie großartig die Ressourcen der Vorfahren sind, mit all ihrer Liebe und ihren Tränen, ihrem Mut und ihrer Ausdauer die Geschichte der Liebe weiter zu schreiben.

Bewusst die Stafette von den Vorläufern, unseren Ahninnen und Ahnen, in die Hand zu nehmen – als Auftrag – setzt das Geschenk übergroßer Freude frei, eine Familie zu sein – bis hin zur Weltenfamilie.

Im Land der Mütter

„Reise in das Land der Mütter, erforsche es.
Folge Deinem Stern und Deine Nacht wird heller leuchten als der hellste Tag."

Im Land der Mütter fand ich den unausgedrückten Zorn gegen die Unterdrückung weiblicher Kraft und Stärke. Reduziert auf das Bild von Mütterlichkeit, das Kinder gebiert und großzieht, den fürsorglich emotional-nährenden Hintergrund der Familie darstellt und sich als dem Mann zugeordnet zu empfinden hat, führten sie ein Leben fern von ihrem eigentlichen Wesen.
Das Frau-Sein, das zyklisch die Kräfte der elementaren Natur in sich erfährt, den Urgrund des Lebens, das das Seelische in sich trägt und verkörpert, war abgeschnitten und verdrängt. Im Verborgenen führte es ein Dasein voll ohnmächtiger Wut und tiefer Verzweiflung.
Ihre lebendigen Körper schnürten sie in Korsetts um weiblicher Schönheitsideale willen, was ihre wahre Gestalt verstümmeln ließ.
Das ganze Geheimnis ihrer Macht und Kraft, das die weibliche göttliche Weisheit, die Sophia, in heilerischen, seherischen und lebensspendenden Qualitäten ausdrückte, führte seit Jahrhunderten und Jahrtausenden ein Leben in der seelischen Unterwelt. Gefühle von Wertlosigkeit und Versagen waren das Ergebnis der dauerhaften Leugnung weiblichen Lebens, die sich in den Nischen ihrer Seelen zerstörerisch eingenistet hatte. Von Frauen, von mir wurde erwartet, dem Bild mütterlicher Vollkommenheit zu entsprechen, das in einer fürsorglichen, nie ermüdenden Frau und Mutter, einer tüchtigen Tochter und unterstützenden Ehefrau ihre Erfüllung finden sollte.
Es gab keinerlei lebende Vorbilder, die die Ganzheit und Vielfalt des Wesens Frau zum Ausdruck hätten bringen können. Die Gestalt der Maria, wie sie im Christentum verstanden wird, spiegelt nur wenige Facetten vom Urbild der Göttin wider, das als Bindeglied vom Ich zum weiblichen Selbst notwendig ist. Die ursprüngliche Schöpferinnenkraft erfuhr eine Vielzahl von Teilungen in unterschiedlichste Aspekte, wodurch der Göttinnenarchetypus entmachtet wurde. Himmel und Erde wurden in zwei Regionen geteilt.

Das rhythmische Wechselspiel des Lebens, wo Himmel und Erde als Einheit existieren und schöpferische Ganzheit hervorbringen, lag verborgen in den tiefsten Schichten meiner Ahninnen. Was sich mir zeigte, war: dem Einweihungsweg in die weiblichen Mysterien zuzustimmen, indem ich durch das Tor in die sogenannte Unterwelt wanderte, um mir ihrer weiter bewusst zu werden.

So wie die Mondin voll am Himmel erscheint, um im 14-tägigen Rhythmus im Schwarzmond zu enden, war ich bereit, der Dunkelheit und ihren innewohnenden Kräften zu vertrauen. In der rhythmischen Ordnung der Natur, die Wachstum, Ernte und ihr Schwinden hervorbringt, vertraute ich den Kräften der Umwandlung.
Den verschiedenen Phasen der Wandlung, die mich in die Tiefen meiner Seele führten, galt es zuzustimmen. Dort wartete die dunkle „Göttin" auf mich, die mein Ja forderte, um der tiefen weiblichen Weisheit willen.
Ich war bereit, mich jeglichen Einwirkungen meiner Seele auszuliefern. Diese Bereitschaft ist ein Zustand, in dem die Seele sich dem Eingreifen des Überpersönlichen hingibt, sich mit Bewusstseinsinhalten zu konfrontieren, die aus sonst unzugänglichen Ebenen „zu ihrer Zeit" bewusst werden wollen.
Das „Wissen" um diese dunkle Seite des Archetypus finden wir in den schwarzen Madonnen, z.B. in St. Marie de la mère ebenso wie in den schwarzen Steinen, die von der verlorenen Macht der Großen Mutter in uns Zeugnis geben.
In der Zeit meiner schweren Erkrankung als kleines Mädchen fuhren meine Eltern zur schwarzen Madonna von Czenstochau, um sie um Heilung für mich zu bitten. Es berührt mich bis heute unendlich tief, dass sie sich intuitiv an diesen Aspekt der Großen Mutter wandten, die mir später in meinem Kontakt mit der dunklen Göttin wieder begegnete, um mir den Weg durch die Dunkelheit zur Sophia zu weisen.
Meine innere Führung wählte die Stationen aus, die der Umwandlung bedurften und begleitete diesen Prozess aus der unerschöpflichen Kraft und Liebe ihrer ständigen Gegenwart.
Durch die einseitig ausgerichtete Entwicklung unseres Kulturkreises, wo die Einheit mit der Natur und dem Kosmos verloren gegangen ist

und dem Intellekt die Vorherrschaft eingeräumt wurde, ist der Weg in die Dunkelheit, wo archaische Ebenen in Erfahrung gebracht werden, das Tor, um in veränderte Bewusstseinszustände einzutreten, die uns mit Affekt geladenen Kräften in Verbindung bringen.
Diese intuitiven Erfahrungen zeigen uns, wie unser Ich erschüttert wird, um wiedergeboren zu werden. Den dunklen archaischen Kräften Zutritt zu erlauben und sie als zu uns gehörig zu akzeptieren, öffnet den Weg um ein weiteres Tor zur Ganzheit.
In noch tieferen Ebenen finden wir jenen Zustand von Energie, der die eigentliche Matrix des Lebens ausmacht, die Leere, das scheinbare Nichts, die totale Schwärze.
Neben den schon beschriebenen archaischen Ebenen finden wir noch statisch stagnierende. In dieser Versenkung, wo wir uns passiv und leer fühlen können, brauchen wir ein hohes Maß an Geduld, diesen in uns wirkenden Kräften von Konservierung, Fermentierung und Auflösung zu begegnen. Diese Zustände sind am ehesten mit dem Bild der schwarzen Löcher zu beschreiben. Wir können nichts tun, als uns diesem Prozess hinzugeben.

Mysterikerinnen wie Hildegard von Bingen oder Theresia von Avila sprechen von der Nacht der Seele.
Auf der körperlichen Ebene wirken diese Kräfte in Menstruation und Schwangerschaft, wenn sie „etwas" hervorbringen, was den menschlichen Augen verborgen bleibt. Fehlt uns der Respekt für diese Kräfte, können wir sie als Depression, Stagnation und abgrundtiefes Leiden erfahren.
Das große Geheimnis der Liebe, das in uns wie die ewige Sonne als lebensspendendes Elixier pulsiert, bedarf der dunklen Kräfte jedoch nicht als Gegen-, sondern als Komplementärkräfte. Hier zeigt sich die göttliche Weisheit in ihrer umwandelnden Kraft immerwährender Erneuerung. Das Helle und das Dunkle finden zueinander, es geht nicht mehr um entweder – oder, hell oder dunkel.
Es gilt, innerhalb dieses großen archetypischen Energiemusters ein lebensförderndes Gleichgewicht zu finden und zu erschaffen. Die dunklen, uns zusetzenden Kräfte sind es doch, die uns lehren, unser sterbliches Leben wertzuschätzen und das Geschenk des Menschseins auf

der Erde zu achten. Wir werden wiedergeboren, um zu entdecken, dass wir eigentlich unzerstörbar sind.

Dieser Prozess könnte wie das Häuten der Schlange verstanden werden, bis wir „wissen", dass wir im sterblichen Körper unsterblich geworden sind. Eine Weisheit, die in den Märchen um das Wasser des ewigen Lebens zu finden ist.

Ein nächster Schritt führte mich in persönliche Verknüpfungen, die ich zum Mütterlichen eingegangen war. Liebevoll begleitete mich meine „innere Führung" auf diesem Abschnitt meiner Reise.
Im „Seelenland" meiner Mutter fand ich jenen Teil von ihr, der schockiert in ihrer alten Heimat zurückgeblieben war, als ihre Umsiedlung von ihrem Vater gegen ihren Willen durchgesetzt wurde. Dieser Teil weigerte sich, in die Welt zu gehen und mit sich herauszukommen. Er steckte in der Resignation und im Zorn auf das Väterliche fest. Die Auswirkungen zeigten sich in meinem Leben in einer Art von Verwirrtheit, immer dann, wenn ich meine Vision erweitern wollte. Ich erhielt den Hinweis, den Aspekt mütterlichen Vergessens zu bereisen, den ich schon in der kollektiven Erfahrung mit meinen Ahninnen kennen gelernt hatte. Hier fand ich – unter der Mauer von Sprachlosigkeit und Trauer über ihre Entwertung als weibliches Wesen – ihren Glauben, aus sich selbst heraus nicht wirklich etwas Eigenes hervorbringen zu können. Ich machte auf der Ebene des inneren Kindes die Erfahrung, mich in einer seelischen Bindung an das Mütterliche zu erleben, die für meine eigene, kraftvolle Entwicklung nur ungenügenden Raum ließ. Mir wurde bewusst, dass ich eine stille Verabredung mit meiner Mutter geschlossen hatte, sie in ihrem erlebten Leid nicht allein zu lassen. Bewusst löste ich diese unbewusste Bindung auf.

Für meine Mutter

*Du kostbare Blüte, die mehr als
einen Frost erfahren hat.
Deine Pflanze lebte im Schatten
des Unaussprechlichen.*

*Aus Zorn, Tränen und
stillem Wehklagen
drängt Deine Frucht ans Licht
der Welt.
Sie kündet von Lachen, Kraft
und Schönheit.*

*In Deinem Antlitz leuchtet
Verzeihen.
Unter Deinen Füßen trägt Dich
fester Grund der Wahrhaftigkeit.*

*Dein Herz erinnert uraltes Wissen,
Dein Mund kündet Milde
und Dein Lächeln antwortet
still seinem Geschenk, das Du geworden bist.*

Teil 7: Zum neuen Ufer übersetzen

In der Stille der morgendlichen Meditation erfuhr ich:
„Der Platz für Dein neues Wirkungsfeld liegt in der Nähe eines Flusses in einem Tal. Du wirst einen Fährmann finden, der Dich übersetzt. Dort liegt das Haus, das auf Dich wartet."
Mir fehlte jedes Vorstellungsvermögen, wie ich dieses Haus finden sollte. Mein damaliger Lebensgefährte war in Richtung Süden gezogen. An einem Sonntag besuchte ich ihn und fand in einer Zeitung eine Annonce: *„Haus am Fluss zu vermieten."*
Da stand es im alten Flusstal der Weser, umgeben von Höhenzügen und einer wundervollen Landschaft. Es war noch im Rohbau und gefiel mir auf Anhieb. Ich bat um Bedenkzeit, um nach innen lauschen zu können. Wochen später machte ich mich wieder auf den Weg, diesmal wählte ich eine andere Verbindung. Durch den Wald kommend endete dieser Weg am Ufer des Flusses, wo ein Fährmann auf mich wartete und mich übersetzte. Voll staunender Freude unterschrieb ich den Mietvertrag.
Ich gab dem Haus den Namen: Haus der Mitte.
In diesem Seminarhaus habe ich zehn Jahre lang als Tiefenpsychologin und Meditationslehrerin mit Menschen gearbeitet. Die von mir entwickelte Arbeit: „Das Konzept multidimensionaler Intelligenz – Die Arbeit mit dem Hologramm" habe ich als Aus- und Weiterbildung in transpersonaler Psychologie mit dem Ziel der Selbstermächtigung angeboten. Viele Menschen haben sich hierüber die Türen in ein sinnerfülltes, glückliches und finanziell unabhängiges Leben geöffnet.

Einige Zeit später begann ich aus den Aufzeichnungen vieler Jahre, das Schreiben des Buches vorzubereiten. Die Zeit war erfüllt mit innerem Hören.

Mitten in dem Prozess, das Buch zu schreiben, besuchte mich ein Arzt mit seiner Frau, der an einem Hirntumor erkrankt war. Obwohl er von seiner Erkrankung schon tief gezeichnet war, hatte er den dringlichen Wunsch, meine Arbeit kennenzulernen.

Als wir uns begegneten, war ich überwältigt von dieser großen Seele, die ihr ganzes Leben lang ihren „Heilungsauftrag" auf unverwechselbare Weise wahrgenommen hatte. René war in der Arzneimittelkontrolle eines großen Pharmakonzerns tätig. Er ließ mich wissen, wie wichtig es aus seiner Sicht sei, Konzepten wie der Arbeit mit dem Hologramm in unserer Gesellschaft Raum zu schaffen, denn die Zukunft läge in der Energiemedizin; das hätte ihn sein Weg gelehrt.
Unsere gemeinsame Zeit war getragen von gegenseitigem Verstehen, tiefer Liebe und Dankbarkeit.

Schon damals wurde mir anhand meiner Familienmitglieder als auch meiner eigenen Wandlungen von Krankheit in lebendiges Sein bewusst, dass unser Geist in der Verbindung mit dem göttlichen Urgrund in der Lage ist, grundsätzlich ein völlig neues Paradigma zu erschaffen und die vermeintliche Herrschaft der Gene über unser Leben umzukehren.
Nicht die Gene beherrschen uns, sondern wir vermögen vermeintlich vorgegebene Informationen so zu verändern, dass pure Lebendigkeit das Ergebnis ist. Nichts ist wirklich in Stein gemeißelt, und wir beginnen langsam, unsere innewohnende Schöpfungskraft zu entdecken und sie in Übereinstimmung mit dem göttlichen Prinzip zu gebrauchen.
Wie intelligent sind unsere Zellen? Sie sind superintelligent, wie Sie ja nun durch das Lesen dieses Buches erfahren haben.

Als der neue Morgen

das Licht der Welt erblickte,
gewebt aus Sanftmut und Stille,
gebar ihn der unendliche Strom der Liebe,
wohl wissend,
dass der Abend ihm folgen würde
im Gewand der Güte.
Gemeinsam halten sie
das Gefäß der Weisheit,
aus dem strahlend
die gequälten Seelen
sich ihrer selbst erinnern,
überfließend vor Dank und Freude.

Die Zukunft zur Verbündeten machen

Erneut wurde ich über den Weg der Meditation in die Wirtschaft gerufen. Ein neues Abenteuer begann. In der Meditation zeigte sich ein kleines Dorf unweit des Waldes gelegen und von Feldern gesäumt. Es lag friedlich in einer kleinen Senke. Vor mir erschien das Bild eines Kelches, in welchen Energie aus dem Himmel als auch aus der Erde floss.

Lass Dich senden, genau dort baue ein Centrum, das sich als ein Raum versteht, in dem Menschen aus allen Bereichen gesellschaftlichen Lebens daran arbeiten, ihre sinn- und wertestiftenden Absichten zum Wohle allen Lebens mit Erfolg zu gestalten.
Das 21. Jahrhundert lädt Euch ein, sich als Teil des Ganzen zu verstehen und bewusst durch gelenkte Absicht, Wort und Handlung Mitschöpfer einer Zivilisation der Liebe zu sein. Gestaltet Euer Leben und die Euch umgebende Welt als Mitschöpfer: Vom Ich zum Du, vom Du zum Wir: So kreieren sich neue Formen von Zusammenarbeit mit anderen Menschen, die frei von Konkurrenz sind und getragen werden von gegenseitiger Anerkennung und Unterstützung. Der Schlüssel liegt im Herzen jedes einzelnen, in der Hingabe in das in Euch wirkende Prinzip allen Lebens. Wesentlich sind charakterliche Eigenschaften wie Integrität, Mut, Klarheit, Gerechtigkeit, Einfachheit, Geduld, Demut, Treue zu sich selbst.
Nenne Deine Arbeit „business and spirit", so wird deutlich, dass jede Unternehmung, die vom Geist durchdrungen wird, den natürlichen Gesetzen von Entfaltung folgt und Früchte trägt.
Ihr seid zur Freude und Fülle berufen.

Kurze Zeit später kam ein Kunde von mir und erzählte mir von Bauplätzen in der Nähe seines Dorfes. Er hätte einfach den Impuls gehabt, mir das zu erzählen. Sie ahnen schon, dass ich diesem Impuls nachgegangen bin. Das Dorf ist ca. 25 km vom Haus der Mitte entfernt und trägt den Namen Kelze. Es ist ein Hugenottendorf in der Nähe von Kassel in Hessen. Als ich in das Dorf kam, grüßten mich die Menschen sehr freundlich, und ich kehrte im Landgasthaus ein. Mit dem Gastwirt entspann sich ein wunderbares Gespräch, das mir den geschichtlichen Hintergrund zu diesem Dorf nahe brachte. So stellte sich heraus, dass die Kelten in dieser Gegend waren und der Dorfname Kelze aus dem Keltischen stammt und Kelch bedeutet.

Berührt von dieser Botschaft machte ich mich zum Baugrund auf und entschied mich, den Platz zu wählen, wo ich über meine Füße die kraftvolle Energie aus Himmel und Erde am deutlichsten wahrnehmen konnte.

Alles fügt sich auf wunderbare Weise wie ein Puzzle zusammen. In diesem Centrum finden Workshops, Retreats, Aus- und Weiterbildungen statt, die alle ein und dasselbe Ziel haben: seine wahre Größe zu leben und zu geben, aus der tiefen Verbindung zur eigenen Mitte gespeist.

Ebenfalls bin ich mit Begeisterung in deutschsprachigen Unternehmen unterwegs, um eine neue Art des Wirtschaftens, wo business und spirit zusammenarbeiten, anzureichen. Auch hier herrscht der lebensbejahende Geist, der verbunden mit der Wirtschaftskraft Fülle auf allen Ebenen erschafft.

Wie in der Natur im Kern schon alles da ist, so ist es auch im Menschen. Was gebraucht wird, ist ein guter Boden, in dem der Same aufgehen kann: Das ist das Vertrauen in die Menschen, ihr Können und eine klare Wertschätzung ihres Menschseins. Für mich fängt Wertschöpfung mit Wertschätzung an.

Das Beglückende in dieser Aufgabe ist es, Unternehmer, Führungskräfte und ihre Mitarbeiter zu inspirieren, das Feuer der Begeisterung in ihrer Aufgabe zu entfachen. So können sie ihre Werte – wie Liebe, Mitgefühl und Kooperation – mit ihren Kernkompetenzen zum Wohle des ganzen Unternehmens einbringen.

Es geht um die goldenen Kerne, die in jedem von uns stecken, selbstverständlich auch in jedem Unternehmen mit all seinen Mitarbeitern. Der Weg vom Wesenskern zum Unternehmenskern heißt für mich, Menschen zu inspirieren, ihre Kräfte zu ihrer menschlichen Größe und zu ihrer Führungsgröße zu lenken, damit ihr Unternehmen eben auch seine wahre Größe einnehmen kann.

Wenn wir beginnen, unserer innewohnenden Weisheit zu vertrauen und im Schritt-für-Schritt-Verfahren dem Leben Raum zu geben, sehen wir, dass wir eingeladen sind, ein Leben in Frieden, Freiheit, Freude und Fülle zu erschaffen.

An dieser Stelle möchte ich Sie gern auf das neue Buch von Karl Gamper hinweisen, das in Kürze erscheint:
„Erfolg ist menschlich."
Hier lernen Sie Menschen kennen, die genau dieses Werden und Wachsen in ihren Unternehmen umsetzen und zeigen, dass Erfolg bedeutet, dem zu folgen, was in jedem von uns angelegt ist und zur vollen Entfaltung strebt.

Alles ist da: Es liegt in Ihnen

Wie wird eine Sonnenblume zur Sonnenblume und nicht zur Rose? Sie richtet sich nach ihrem *Kern,* ganz, total.
Sie folgt der Signatur des Lebens, bringt sich in vollkommene Übereinstimmung mit dem Schöpfungsprinzip.

Was also ist zu tun, wenn Sie beschließen, Ihrem Leben eine neue Ausrichtung zu geben?
Fragen Sie sich:
Was wollen Sie wirklich?
Was ist Ihre größte Sehnsucht?
Wonach streben Sie?
Was genau ist Ihr Kern, wovon träumt Ihre Seele?
Was genau wollen Sie hier auf der Erde bewirken?
Leben ist immer Bewegung, also was genau ist Ihre Motivation?
Was in Ihrem Innern will sich nach Außen bewegen?
Was will in Form kommen?
Welche Informationen liegen in Ihrem Kern?
In dem Wort Information finden Sie den Hinweis: *in Form* bringen.

Wenn Ihre Sehnsucht stark genug ist, das zu werden, was tief in Ihnen auf Entfaltung wartet, dann prüfen Sie, ob Sie auf die von Ihnen bisher verfolgte Weise sicher zu Ihrem Ziel kommen werden.
Entspricht das Gelernte und bisher von Ihnen Verinnerlichte, das Sie geprägt hat, der Signatur des Lebens?

Falls nicht, dann treffen Sie eine klare Entscheidung:
Sie bestimmen die Richtung, in die sich Ihre Lebensenergie bewegt:
Setzen Sie die Schritte konsequent in Handlung um.
Viel Freude beim Tun!
Legen Sie sich ein Erfolgstagebuch an, dort können Sie alle Ihre kleinen und großen Erfolge eintragen.
Natürlich gehören auch Rückschritte dazu.

Es gibt einen alten meditativen Tanz, der aus vier Schritten besteht: Achtsam und bewusst geht man vier Schritte nach vorn, dann einen zurück.

Das ist ein entscheidender Schritt, dieser Rückschritt. Hier sehen Sie noch einmal auf Ihre Ergebnisse:

Was gilt es zu verändern, zu verbessern, vielleicht stimmt das Tempo nicht, was auch immer.

Halten Sie an, prüfen Sie und nehmen Sie die entsprechenden Korrekturen vor.

Wenn Sie mit dem Ergebnis zufrieden sind, gehen Sie vertrauensvoll weiter.

In diesem Sinn viel Freude.

Von Herzen

Theresia-Maria Wuttke

Am Ende meines Buches
möchte Ihnen einige wundervolle Gedanken von Charlie Chaplin ans Herz legen:

Charlie Chaplin: Als ich mich selbst zu lieben begann

Als ich mich selbst zu lieben begann,
habe ich verstanden, dass ich immer und bei jeder Gelegenheit
zur richtigen Zeit am richtigen Ort bin
und dass alles, was geschieht, richtig ist –
von da an konnte ich ruhig sein.
Heute weiß ich: Das nennt man **VERTRAUEN**.

Als ich mich selbst zu lieben begann,
konnte ich erkennen, dass emotionaler Schmerz und Leid
nur Warnungen für mich sind, gegen meine eigene Wahrheit zu leben.
Heute weiß ich: Das nennt man **AUTHENTISCH SEIN**.

Als ich mich selbst zu lieben begann,
habe ich aufgehört, mich nach einem anderen Leben zu sehnen
und konnte sehen, dass alles um mich herum
eine Aufforderung zum Wachsen war.
Heute weiß ich, das nennt man **REIFE**.

Als ich mich selbst zu lieben begann,
habe ich aufgehört, mich meiner freien Zeit zu berauben,
und ich habe aufgehört,
weiter grandiose Projekte für die Zukunft zu entwerfen.
Heute mache ich nur das, was mir Spaß und Freude macht,
was ich liebe und was mein Herz zum Lachen bringt,
auf meine eigene Art und Weise und in meinem Tempo.
Heute weiß ich, das nennt man **EHRLICHKEIT**.

*Als ich mich selbst zu lieben begann,
habe ich mich von allem befreit, was nicht gesund für mich war,
von Speisen, Menschen, Dingen, Situationen
und von allem, das mich immer wieder hinunterzog, weg von mir selbst.
Anfangs nannte ich das „gesunden Egoismus",
aber heute weiß ich, das ist* **SELBSTLIEBE***.*

*Als ich mich selbst zu lieben begann,
habe ich aufgehört, immer recht haben zu wollen,
so habe ich mich weniger geirrt.
Heute habe ich erkannt: das nennt man* **DEMUT***.*

*Als ich mich selbst zu lieben begann,
habe ich mich geweigert, weiter in der Vergangenheit zu leben
und mich um meine Zukunft zu sorgen.
Jetzt lebe ich nur noch in diesem Augenblick, wo ALLES stattfindet,
so lebe ich heute jeden Tag und nenne es* **BEWUSSTHEIT***.*

*Als ich mich zu lieben begann,
da erkannte ich, dass mich mein Denken
armselig und krank machen kann.
Als ich jedoch meine Herzenskräfte anforderte,
bekam der Verstand einen wichtigen Partner.
Diese Verbindung nenne ich heute* **HERZENSWEISHEIT***.*

*Wir brauchen uns nicht weiter vor Auseinandersetzungen,
Konflikten und Problemen mit uns selbst und anderen zu fürchten,
denn sogar Sterne knallen manchmal aufeinander
und es entstehen neue Welten.
Heute weiß ich: DAS IST DAS* **LEBEN***!*

*Charlie Chaplin
an seinem 70. Geburtstag am 16. April 1959*

Verzeichnis über die von C.G. Jung verwandten psychologischen Begriffe

Archetypen, Urbilder der Seele: Sie sind unpersönlicher Natur und als solche nicht beschreibbar. Im menschlichen Bewusstsein zeigen sie sich in Form von Bildern, Symbolen, Ideen. Es sind kollektive Muster, die aus dem Urgrund allen Seins auftauchen. Sie sind als Essenz in allen Religionen, den Mythen, Märchen und Legenden zu finden.
Im persönlichen Bewusstsein sprechen sie in unseren Visionen und Träumen zu uns. Archetypen sind weder positiv noch negativ – sie sind.

Der Animus, lateinisch Geist: ist die unbewusste, männliche Seite der Frau. Seine positiven Kräfte zeigen sich als schöpferischer Geist – dem Logos. Der Animus stellt die Brücke zwischen der Persönlichkeit der Frau und ihren schöpferischen Quellen im Unbewussten dar. Bei einer Identifizierung mit dem Animus wird die Frau in ihren Verhaltensweisen starr und rechthaberisch.

Die Anima, lateinisch Seele: äußert sich im Mann positiv im Eros. Es ist die unbewusste Seite seiner Persönlichkeit. In Träumen offenbart sie sich in den verschiedensten Facetten, von der Heiligen bis zur Hure. Die Entwicklung der Anima zeigt sich in der Art seiner Beziehungen zu Frauen. Die unerlöste Anima äußert sich durch Imponiergehabe, Wortgefechte, Verwicklungen und Drohungen bis hin zur Gewalt. Bei einer Identifizierung mit der Anima kann sie sich im launischen und überempfindlichen Verhalten des Mannes äußern.

Individuation: Der Mensch wird sich seiner einzigartigen, psychischen Wirklichkeit, einschließlich seiner Stärken und Schwächen, bewusst. Innerhalb seiner Psyche steuert das „Selbst" diesen Prozess.

Der Schatten: ist der unbewusste Teil der Persönlichkeit. Das Ego lehnt die Eigenschaften und Haltungen, die den Schatten charakterisieren, ab. Im Traum wird er durch Personen repräsentiert, die dem gleichen Geschlecht wie der Träumer zugehören.

Projektion: Die eigenen, unbewussten Eigenschaften werden in anderen Personen gesehen, auf die entsprechend reagiert wird.
Wenn sich Frau und Mann verlieben, wird der Animus oder die Anima auf das Gegenüber projiziert. Erst die Zurücknahme der Projektionen sowie das Zurückziehen unerfüllter Erwartungen ermöglichen ein Zueinander-in-Beziehung-Treten.

Selbst: Archetypus der Ganzheit. Er wird überpersönlich erfahren – als Gotteserfahrung.

Wege aus der Mitte
Mutig der inneren Stimme in die Selbst-Ermächtigung folgen. Entdecken Sie Ihr spirituelles Erbe in der Psychogenetik und setzen Sie es meisterhaft als Lebens-Unternehmer in Ihren Projekten um. So dreht sich die Spirale der evolutionären Entwicklung weiter und weiter.

Um Sie zu einer Reise in die Tiefe Ihrer Seele einzuladen, habe ich mit dem Künstler Henryk Polus im Schweizer Kloster Beinwil ein Hörbuch aufgenommen. Die **Doppel-CD „Schritte in die Wesens-Mitte"** führt Sie mit entspannender Musik und Text-Meditationen zur Quelle Ihrer inneren Weisheit.

Die **DVD „Psychogenetik – Heilung aus der Mitte"** enthält den Live-Mitschnitt eines Vortrags, den ich auf einem medizinischen Kongress gehalten habe. Hier erleben Sie, in welcher Weise das psychogenetische Erbe unser Leben prägt und wie wir durch die Kraft unserer Wesensmitte Heilung erfahren können.

CD und DVD sind auch erhältlich beim
BREUER & WARDIN Verlagskontor

Regelmäßig veranstalte ich **Vorträge und Workshops**, vielleicht auch in Ihrer Nähe.

Wenn Sie weitere Informationen zu meiner Arbeit
„holographic mind communication®" und
„business and spirit®" wünschen, wenden Sie sich bitte an:

Theresia-Maria Wuttke

Ecke Holz 13
D- 34369 Hofgeismar-Kelze
Fon: +49 (0) 5671 409 - 342
Fax: +49 (0) 5671 409 - 341
E-Mail: info@haus-der-mitte.de
E-mail: info@business-and-spirit.de
www.business-and-spirit.de
www.haus-der-mitte.de